走在祖国大地上
北大选调生的乡村振兴实践
（下册）

宁 琦 ◎主编

图书在版编目(CIP)数据

走在祖国大地上. 北大选调生的乡村振兴实践. 下册 / 宁琦主编. ——北京：北京大学出版社，2025.4.

ISBN 978-7-301-36119-1

Ⅰ.K828.4

中国国家版本馆 CIP 数据核字第 2025AV3367 号

书　　　名	走在祖国大地上——北大选调生的乡村振兴实践（下册） ZOUZAI ZUGUO DADISHANG——BEIDA XUANDIAOSHENG DE XIANGCUN ZHENXING SHIJIAN(XIACE)
著作责任者	宁　琦　主编
责 任 编 辑	刘　洋
标 准 书 号	ISBN 978-7-301-36119-1
出 版 发 行	北京大学出版社
地　　　址	北京市海淀区成府路 205 号　100871
网　　　址	http://www.pup.cn
电 子 邮 箱	编辑部 lk2@pup.cn　总编室 zpup@pup.cn
电　　　话	邮购部 010-62752015　发行部 010-62750672 编辑部 010-62764976
印 　刷 　者	北京九天鸿程印刷有限责任公司
经 　销 　者	新华书店
	720 毫米×1020 毫米　16 开本　13.25 印张　210 千字 2025 年 4 月第 1 版　2025 年 4 月第 1 次印刷
定　　　价	83.00 元

未经许可，不得以任何方式复制或抄袭本书之部分或全部内容。
版权所有，侵权必究
举报电话：010-62752024　电子邮箱：fd@pup.cn
图书如有印装质量问题，请与出版部联系，电话：010-62756370

编委会

主　　　编：宁　琦

执 行 主 编：樊　志

执行副主编：李晓瑭　张　雯

参编人员：（按姓氏笔画排序）

　　　　　王子元　王凤清　王昱翔　田佳轩　刘路午
　　　　　刘腾文　孙羚菽　肖啟泽　邱喆倩　余心尚
　　　　　张浩然　陈　晞　邵吉祺　周起斌　胡潇予
　　　　　洪润琪　袁倩倩　徐　涛　徐梦瑶　高佳皓
　　　　　黄进晟　曹　彧　蒋　莹　楼　雨　简钰清

目 录

以万山县为例谈谈对后发展县域发展的思考 ·················· 王　伟 / 1

乡村公司化
　　——实现乡村振兴的集体经济路径探索 ·················· 李林松 / 20

"双碳"目标背景下关于推进乡村振兴绿色发展的案例研究
　　——以四川省宜宾市长宁县东风村为例 ·················· 刘硕英 / 33

河北省张家口市坝上地区乡村发展的探索与研究 ·················· 韩广芝 / 54

乡村教育振兴的研究与探讨 ·················· 石金雨 / 70

农村集体经济发展壮大路径探索与思考
　　——以成都市兴义镇为例 ·················· 蒋志鹏 / 91

盈川村乡村振兴案例研究与指数评价 ·················· 王壮飞 / 107

蝶变，在州河的转弯处
　　——从东蔡庄村之变看天津乡村振兴实践 ·················· 于子钰 / 127

用好"起承转合"让乡村发展有"梦"有"戏"
　　·················· 张晓华　熊君玥　杨玉娟 / 146

乡村振兴背景下农村集体经济发展研究
　　——基于河北省陈庄镇的调研……………………金志成　任　爽／162

"艺术家"与"受苦人"
　　——泥河沟村的艺术乡建实践………………………赵　坤　武江伟／175

基于乡村振兴的乡村国土空间治理实践与探索
　　——以成都市为例……………………………………杨振兴　汤佳音／196

以万山县[①]为例谈谈对后发展县域发展的思考

王伟

作者简介

王伟，山东潍坊人，出生于1985年12月，北京大学物理学院凝聚态物理系2013届博士毕业生，在校期间荣获博士研究生国家奖学金、北京大学十佳学生党支部书记、北京大学优秀共产党员、北京大学学术创新奖、北京大学优秀毕业生、北京市优秀毕业生等荣誉。毕业后选调至广西壮族自治区，现任防城港市上思县县委副书记、县长。

摘　要：习近平总书记强调要促进各类生产要素自由流动并向优势地区集中，推动形成优势互补高质量发展的区域经济布局，同时也强调各地区要根据自身条件和可能，既全面贯彻新发展理念，又抓住短板弱项来重点推进，不能脱离实际硬干，更不能为了出政绩不顾条件什么都想干。在后发展的西部地区，怎样落实好习近平总书记的要求，走上强县富民之路呢？现实中，万山县面临着产业要素弱小分散、优势主导产业不明显等困境。本文试图通过回顾万山县近五年的发展情况，简要总结作为西部后发展县域的发展思路、路径和步骤，给出一个有关后发展县域如何发展的浅显方法论。

关键词：县域经济；经济要素；优势；产业发展；产业互补

本文内容包括两部分：第一部分是从经济要素举例说明、优势劣势机遇、要素流动性三个角度对万山县的经济要素进行探讨，发掘具有相对竞争力的经济

[①] 万山县为化名。

要素;第二部分是以万山县部分产业的发展思路、路径和步骤为例,报告万山县确定和发展优势产业方向的过程。

一、经济要素相关分析

如何确定一个县域的工业发展思路?应该对当地经济要素进行分析,做到明优势、懂弱项。

(一)对万山县的经济要素进行举例说明

经济要素可分为生产力、生产资料、生产关系三大类,常见的经济要素简单分类如表1所示。

表1 经济要素分类

生产力	劳动力、人才、技术、文化、科技、数据、气候、社会安全稳定、旅游人文资源等
生产资料	土地,厂房,资本,原材料,能源(水、电、煤、气、热等),网络,金融,自然资源等
生产关系	交通,市场,管理,营商环境(政策、法律、法规、约束性指标),环境容量,产业链分工,供应链情况,经济制度,地理区位等

按照经济学一般原理,单一或极少的一两种经济要素不可能形成生产力,只有若干种经济要素的相互组合和有机结合才能形成生产力并促进经济发展。本研究针对万山县的土地、交通、气候、劳动力、产业链分工等经济要素进行解释说明。

土地:国土空间没有被建筑物(构筑物)高比例占用,是作为后发展县域的万山县的一大优势,也就是"一张白纸好作画"。但万山县每年得到的能够投入工业的建设用地指标并不充裕,且工业集中区用地规划呈条状,后备土地多是尚未通水、通电、通路,还不平整的生地。这就制约了土地这一经济要素作为后发展区域的现实优势要素的发展。面对这种境况,可通过两个办法来释放土地优势。一方面,按照土地亩均投入和产出(税收)对单一项目分期分批供地;另一方面,建设高容积率的标准厂房以解决土地供求矛盾。标准厂房既能提供现成的生产空间,又能省去具体工业项目的规划选址、水土保持方案审批、用地预审、林地审批等环节;安全生产、消防预防及环境保护等条件也可大幅度改善;还可以整合打包规模以上企业,方便企业融资、信息共享,有效促进企业融合,形成完整的优势工业链。

交通:评价一个地方发展工业是不是有交通优势,不能停留在通没通路、通了什么路等层面上,而是要结合地方生产的产品面向的市场类型、产品销售半径、运输货物的单位价值来具体分析。通过分析,既能得到一个县生产该产品有没有运输竞争优势的判断,也能得到一个县应该生产什么样的产品才能发挥运输优势的答案。产品面向的市场类型指该产品是面向工厂销售的还是面向消费者个体销售的。面向工厂销售的产品(如人造板),往往是半成品,单位价值较低,但单次货物量较大,产品总价格中运输成本占较大比例,销售半径受运费制约较大。这时水运是最有竞争优势的,其次是铁路运输,最后才是汽车和航空运输。面向消费者个体销售的产品(如定制家居、手机),往往是成品,单位价值较高,客户对物流的要求是便捷、可尽快收货,运输成本占产品总价格的比例不高,销售半径受运费制约不大。这时,最好的方式可能就是航空运输了,其次是汽车运输,最后是铁路运输和水运。万山县的运输现状是经高速公路抵达沿海港口需要 100 千米,经二级路抵达机场空港需要 80 千米,规划中有货运铁路专线直达沿海码头。快递物流业尚不发达,没有成规模的物流园区,也不是区域物流集散中心,发往全国的物流快递多数需要到省城中转。因此,对万山县来讲,生产面向工厂销售的大宗商品是具备交通比较优势的,而生产面向消费者个体的产品则交通优势不明显。

气候:万山县属于南亚热带季风气候,年平均气温 21.7 摄氏度,年均降水 1 200 毫米,年有效光照达 1 800 小时,光能资源丰富,无霜期长。建设工厂厂房时,无须保温取暖设备。在农林初级产品烘干晒干方面,天然晒场对比自动化烘干生产线也具有一定优势。

劳动力:我国正加快构建以国内大循环为主体、国内国际双循环相互促进的新发展格局,习近平总书记多次强调要加快形成要素自由流动平等交换的现代市场体系,因此劳动力要素的价格对于国内市场来说,几乎是均衡的。作为后发展县域的万山县,普通工人的月工资为 3 500—6 500 元,并不比东莞、广州等发达地区具备更低的劳动力成本优势。

产业链分工：习近平同志 20 世纪 80 年代在河北省正定县任县委副书记、书记时结合正定北面是广大的农村，南面是石家庄市的区位特点，提出正定走半城郊型经济发展的路子，把正定经济带入了发展的快车道。这就提示我们要在更大的地域范围内，找到万山县可以参与的区域经济主导产业链中的特定产业环节，找准产品定位，积极参与或主导产业链分工。万山县背靠的腹地有很高的电解铝产能，面向的港口有钢铁冶炼和电解铝等产业，因此万山县应充分利用本地石灰石资源为冶炼行业提供助熔剂，也可围绕铝产业做碳素电极产业、氯碱化工产业等。

（二）通过 SWOT 分析进一步明确具有相对竞争力优势的经济要素

SWOT 分析是通过对被分析对象的优势（strength）、劣势（weakness）、机会（opportunity）和威胁（threat）等内外部条件加以综合评估与分析，进而得出结论，从而在战略与战术两个层面上加以调整，以达到所要实现的目标的方法。

本研究结合万山县实际情况和问卷统计结果，以评分式半定量的方式更直观地展示万山县工业发展相关主要经济要素的情况（暂不讨论营商环境），结果如图 1 所示。

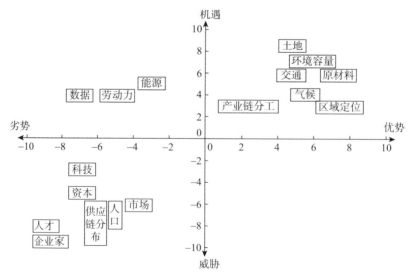

图 1　万山县工业发展相关主要经济要素的情况

(三）经济要素流动性分析

经济要素在地区间的分布是不均衡的,任何一个地区都不可能天然地具有生产所需的全部要素。有些经济要素无法生产出满足本地区需求的产品,并且经济要素本身的生产效率也有高有低,这就决定了经济要素在各地区间是流动的而非静止的。经济要素总是从禀赋充裕的地区流向禀赋稀缺的地区,寻找其他要素,并与其相结合以降低生产成本。受供求关系的影响,禀赋充裕的经济要素价格相对较低,而相对稀缺的经济要素价格较高,为了获得更多收益,经济要素便总是从价格较低的地区流向价格较高的地区。在要素市场化配置改革不断深化的背景下,较高流动性的经济要素将加速集中到已具备竞争优势的发达区域;流动性较差的经济要素,在一定时间段内仍会给其所在地区保留相对的竞争优势,因此更适合作为后发展地区谋发展的切入点(表2)。

表 2　按流动性分类的经济要素举例

流动性较好的经济要素	人口、人才、科技、数据、资本、网络、金融、管理
流动性较差的经济要素	文化,能源(水、电、煤、气、热等),气候,旅游人文资源,土地,厂房,原材料,自然资源,交通,市场,营商环境(政策、法律、法规、限制指标),环境容量,产业链分工,供应链情况,经济制度,地理区位

万山县作为后发展县域,不以需要资本、科技等流动性较好的经济要素的产业为发展目标,而是从土地、原材料等具备相对优势的、流动性较差的经济要素入手谋划产业,能够较容易地打开发展局面,培育能够充分发挥现有优势要素的产业龙头,优化产业布局。同时,在发展过程中,万山县应力求采用先进的工艺和设备,生产出该领域细分市场中的先进产品,推动传统产业高端化、智能化、绿色化,努力提高产品在产业价值链中的核心位置。在发展过程中,逐步聚集起流动性较好的其他要素,进而带动以资本、技术、创新要素为核心的优势产业的发展,推动产业升级。这种路径可操作性强,取得成功的可能性也更高。

对于万山县而言,按照经济要素流动性从低到高排序,结果如图2所示。

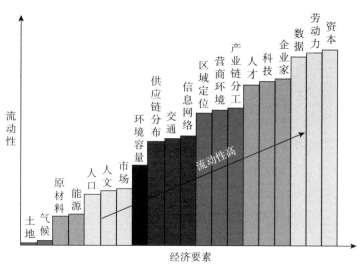

图 2　万山县经济要素流动性情况

二、以木材加工产业和碳酸钙产业的发展思路、路径和步骤为例,报告万山县确定和发展优势产业方向的过程

习近平总书记高度重视实体经济,强调必须不断推进工业现代化、提高制造业水平;在区域发展问题上,强调要促进各类生产要素自由流动并向优势地区集中,推动形成优势互补、高质量发展的区域经济布局。在后发展的西部地区,怎样落实好习近平总书记对"传统产业高端化"的要求,引导企业走绿色生产方式,以工业高质量发展为方向,走上强县富民之路呢?

选择工业主导产业,应该尽量选择能够充分发挥比较优势的产业。而所谓优势产业一定具备规模优势和生产率优势,其中最值得注意的是规模优势,即:一是产业绝对规模,二是产业相对规模,三是产品输出能力规模。

综合考虑万山县经济要素流动性情况、SWOT 分析结果中的优势和机遇,得出万山县较容易发展起来的经济要素是:原材料、面向工厂的大宗商品交通、土地、气候、产业链分工等。以此为指导,万山县明确发展木材加工产业和碳酸钙产业两个方向,结合更大区域产业链分工确定核心产品为生态人造板和金属冶炼助熔剂氧化钙。在做好规划的基础上,明确切实可行的阶段目标,实施过程立足传统产业高端化,招商引资宁缺毋滥,引进先进的工艺设备,生产在细分市场具备核心竞争力的产品,并且严格实施清洁生产。截至2022年,万山县无醛胶合板自动化生产线、迪芬巴赫连续铺装热压机高密度纤维板生产线都已投产;4 500吨/天回转窑生产的水泥供不应求,10 000吨/天回转窑生产线已纳入省级规划;蒸压加气混凝土板材已经投放市场;采用1 000吨/天回转窑、麦尔兹双膛窑、自动化竖窑等全国领先工艺设备生产出的石灰活性度、纯度、碳含量等关键指标优异,在我国沿海和东盟地区的竞争力非常强。

(一)万山县林木产业

万山县有林地面积282万亩(1亩≈666.67平方米),速生商品林面积105万亩。2019年,全县年木材产量118.8万立方米,2020年原木采伐134.2万立方米。这样的产量在全国范围来看如何呢?万山县发展林木业的前景怎样呢?该怎样确定主体产品呢?怎样确定阶段性目标,逐步推动产业健康发展呢?

根据联合国粮食及农业组织发布的2018年版年鉴数据:2016年世界工业用原木消费18.78亿立方米,锯材消费4.62亿立方米。中国工业用原木每千人平均消费149立方米,相当于世界平均的60%;锯材每千人平均消费76立方米,是世界平均消费的1.2倍。从木材来源看,2019年我国进口木材11 350万立方米(图3),同比增长1.4%;其中,进口原木6 073.5万立方米,增长1.6%,进口锯材3 715.9万立方米,增长1.1%。但2020年1—7月,我国进口木材5 996.5万立方米,同比减少10.7%;其中,原木3 043.8万立方米,同比减少13.75%,锯材2 079.37万立方米,同比减少7.4%。近年来中国木材产量比较稳定,2018年中国木材产量8 811万立方米,同比增长4.92%;2019年中国木材产量10 045.85万立方米,锯材6 745万立方米,其中广西2019年砍伐量为3 500万立方米,锯材931万立方米,占全国木材总砍伐量的35%。这意味着,万山县木材产量超过全国总量1%,应当有所作为。

按照2005年我国确定的"东扩、西治、南用、北休"的林业生产力区域发展战略,现在各区域战略布局已经显现。广西将木材加工列入12大重点产业集群,采取"龙头企业+配套"的发展方式,延伸产业链条。在此背景下,万山县发展林木业必将有所作为。

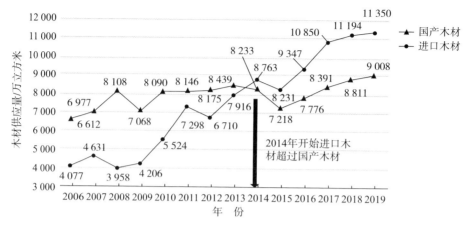

图3 2006—2019年国产木材与进口木材供应量情况

万山县具备腹地原材料充足和面向工厂的大宗商品交通优势。如果先发展地板、家具等终端消费品，由于物流业尚不发达，交付到消费者的每一套家具中交通运输费用占比会非常高，那么产业发展会较慢。如果先发展生态人造板这样的大宗商品，把腹地三条高速公路周边区域生产的初级单板汇聚在万山县加工和集散，就可以采取集装箱整柜运输甚至海运的方式，极大降低到下游厂家仓库的运输成本，那么产业发展会较容易。

基于这样的发展思路，万山县提出了"十万大山、百万木材、千万用好、亿万财富"的口号，以"十万大山、生态好板"为主导优势产品，按照"初端加工放开、集聚产业配套""中端严控质量、质优竞争扬名""终端定向招商、借势走向全球"的工业发展路径，按照计划分步骤踏踏实实打造木材加工产业。

第一，在初端加工方面，以旋切单板为主体产品。充分发挥原材料充足、气候便于降低成本、大宗低吨值产品运输交通便利的要素优势，进行产业"量的积累"。从2016年起，万山县放开了旋切单板厂的准入，并加强对初端加工企业金融、土地、物流、市场等方面的服务，以提高初级产品产量，吸引产业配套，培育产业基础。充分发挥气候优势，在推广木片烘干线的同时，不限制天然晒场，降低对资本要素的要求。经过几年的发展，全县100多万立方米的原木全部实现在县域内加工，木材加工企业从2016年的35家增加到2022年的53家，规模以上木材加工企业从4家增加到16家，实现全年林业产值17.6亿元，产业规模进一步壮大,产业集聚效应显著增强。在这个过程中,万山县实现了3个方面的积累:一是聚集木材产业链的上下游企业和信息流,二是培养技术熟练的产业工人和企业家群体,三是集聚资本。未来,万山县将聚焦提升产业化水平,着力提升规范引导和生产效能,坚持"培育壮大一批、改造提升一批、转型进园一批",基本实现初端加工规模化高质量发展。

第二,在中端生产方面,以生态人造板为主体产品。在初端加工充分发展后,单板产量、产业链上下游聚集、产业工人和企业家群体以及资本等要素也会得到发展,通过招商和技术改造加大无甲醛胶合板、E0以上标准密度板等生态人造板的生产,推动产业"质的提升"。2018年,全国人造板总产量为29 909万立方米,同比增长1.43%,2019年为30 859万立方米,同比增长3.17%,其中山东产为7 772.9万立方米、广西产量为4 955.9万立方米。基于此,万山县发展人造板产业将有很大空间。自2017年起,针对无甲醛人造板这一细分市场,万山县制定和施行了一系列相关政策,严格控制胶合板质量和对非无醛胶合板生产线的投资,宁缺毋滥,留足国土空间。华威公司无醛胶合板自动化生产线项目于2018年竣工投产。2019年,华林公司年产25万立方米超薄型高密度纤维板生产线技术改造升级项目开始建设,该项目采用世界先进的工艺和设备,引进了国外先进的热磨机、连续铺装热压机、砂光机等生产装备。2020年鲁华公司20万立方米木地板项目开工建设。未来,万山县将聚焦产业链中端,力推园区化布局,建设配备热力站的标准厂房园区,面向生态板企业精准招商。

第三,在终端生产方面,聚焦全国名牌企业招商,着力引进新技术。以现有木业产业经济要素为基础,延伸产业链,聚集全国名牌家居等木业企业,把产品线从胶合板延伸到木门、衣柜、橱柜等,实现硬装、固装、活动家具等家装一体化整合,推动产业迈向"智造"。在销售商贸方面,以"十万大山、生态好板"品牌建设为抓手,走向全球。从广西木材产量汇聚情况来看,万山县能以建设融合展示交易、产业电商、进出口服务、供应链管理、仓储物流等功能于一体的板材交易示范园区为抓手,建成服务以G75兰海高速、G80广昆高速、S60合那高速沿线为腹地的年产1 491万立方米木板初级产品的加工中心、出海集散地和广西西部片区板材交易中心,实现"虹吸初级产品,交易桂西板材"的目标。

(二)万山县碳酸钙产业

万山县内拥有丰富的石灰石资源,石灰石矿体规模大、分布集中,目前已查明的石灰石资源储量约为12亿吨。

自2018年以来,广西相继出台《关于推动工业高质量发展的决定》《广西工业高质量发展行动计划(2018—2020年)》《广西重点产业集群及产业链群链长工作机制实施方案》《广西重点产业集群布局规划(2019—2025年)》《广西碳酸钙产业高质量发展"十四五"规划》和《广西精品碳酸钙产业集群建设推进方案》,部署推进碳酸钙产业发展。2020年5月,广西将精品碳酸钙产业纳入九大制造业产业集群之一,明确了今后一个时期推进全区精品碳酸钙产业高质量发展的施工图、路线图,形成了由自治区领导牵头负责的产业集群专班模式,为产业发展提供了良好的政策保障。2021年1月,国家发展和改革委员会发布《西部地区鼓励类产业目录(2020年本)》,明确超细重钙、改性重钙、超细轻钙、改性轻钙、纳米钙等高端碳酸钙生产,下游精深加工及配套产业属于西部鼓励类产业。

广西碳酸钙产业要重点发展,那么万山县应该怎样形成竞争优势,发展好碳酸钙产业呢?

一方面,万山县石灰石氧化钙含量在54%左右,纯度高、杂质少,是化工、冶金等产业的优质原料。随着区域内盛隆冶金、广西钢铁、金川有色金属、华昇氧化铝等重大金属材料产业项目建成,万山县即将成为临港工业石灰保障基地。另一方面,石灰属于低吨值货物,如果不采用海运,而采用公路运输,销售半径在200千米左右。因此一些地区尽管石灰石储量很大,却很难打造成全国性的石灰基地。中国石灰协会的相关数据显示,目前尚未形成全国性的石灰基地。万山县通过110千米左右的高速公路可直达防城港、钦州港两个港口,因此,万山县有希望通过海运把石灰市场扩展出去。从中国沿海和东盟地区部分钢铁产能分布情况来看,钢铁助熔剂市场需求较大(每炼1吨铁,在烧结过程中大约需要65.5千克的石灰,每炼1吨钢大约需要39.5千克的石灰,东盟地区每年产钢约1亿吨,中国沿海每年产钢约7亿吨,据估计,中国沿海和东盟地区市场每年需要7 000万吨的石灰)。由储量大、纯度高、海运近这3个特点,万山县确立了碳酸钙产业主打方向为高活性氧化钙,以取得全国沿海和东盟地区金属冶炼助熔剂定价权为目标,尽快形成1 500万吨产能,以期实现"助熔剂市场万山指数"。

在产业链设计上,建设绿色矿山,进行石灰石分级开采。对于含钙量高且杂质少的一级石灰石,进行深加工可得主体产品氧化钙和水泥,在此基础上做氢氧化钙(高比表面积)、轻钙、重钙、纳米钙,再到下游做涂料;对于含钙量低的二级石灰石,可做骨料和机制砂,在此基础上发展新型墙体材料和装配式建筑,进行资源综合利用,实现零废弃物。

经过一段时间的发展,万山县碳酸钙相关主要企业已有12个,总投资达210亿元,全部建成投产后预计年产值180亿元,目前的矿山开发已全部建设为绿色矿山。在石灰生产方面,招商落地项目产能达1 100万吨/年,生产出的石灰活性度高达420毫升、氧化钙含量超过94%,已经销往河北等地区。在水泥建材方面,4 500吨/天的回转窑正在技术改造为7 000吨/天,水泥窑协同处置危险废物项目已经投产;年产500万吨骨料的生产线项目已列入广西重大项目;蒸压加气混凝土板材和砌块已经投放市场,填补了大区域空白。

未来,万山县将着力推动建设工业园到港口的货运铁路和氧化钙专用码头,利用海铁联运进一步提高竞争力。预计到"十四五"末,万山县将培育出行业冠军企业1—2家,实现规模以上碳酸钙行业企业15家以上,产生1—2家具有生态主导力的碳酸钙产业链"链主"企业,实现碳酸钙产值突破100亿元。

三、以万山县木片业与糖业的要素互补为例,报告万山县两种产业结合互补、迸发新活力的方式

万山县木片业经过数年的发展已初具规模,但也出现了阶段性痛点,阻碍了木片业的绿色健康发展。糖业作为万山县的传统产业,在发展过程中也遇到了瓶颈。而糖业、木片业的某些要素可结合互补,迸发新的经济活力,带来产值的倍增。

（一）木片业痛点

1. 已有设备产能无法充分释放

第一，木片干燥效率不高。目前干燥鲜湿木片的方式有两种，一是露天晾晒，二是烘干线烘干。其中，露天晾晒是万山县各木片厂干燥木片的主要方式。每日木片产量主要受天气和晾晒场面积的影响。目前，万山县的晾晒场多数使用的是非建设用地，品质很不稳定。

第二，工人导致的设备运行时间短。一方面，万山县木片厂实行单班制，没有实行"八小时一班、三班倒"的工作模式。之所以采用单班制，是因为相关产业工人没有适应三班倒的工作方式，而且三班倒生产出来的旋切单板也没有足够的晾晒场进行晾晒。另一方面，每个生产线班组配置为7人，各工位操作专业性较高，较难相互替代，整条生产链较脆弱。木板工人大多以打零工方式参与企业生产，流动性大、稳定性不高，一旦班组成员有1—2人请假，整条生产线就将停产。

第三，原材料需求得不到满足。虽然万山县木材砍伐量与储备量在广西排名第一，但还不能满足万山县木片厂的需求量。万山县木片厂一条旋切生产线一天木片产能为30立方米，一年生产天数按200天计算，整个县城300台机器一年可产180万立方米木片。而万山县目前原木的年产量仅150多万立方米。此外，万山县大多数木材厂的单厂规模较小，对外地原木的吸纳能力有限，仅从宁明、扶绥等县购买小批量原木进行加工，没有足够的能力收购经过万山县的3条高速公路沿线的其他市，如百色、崇左等地的原木。

2. 缺少木材交易集散中心

万山县目前没有木材交易市场，对于小木片厂而言，由于担心出售木片后回款不及时或者收不到回款出现"飞单"，大部分小木片厂宁愿每立方米木片少赚15元，也要将木片卖给直接支付现金的中间商，以避免出现亏损。

目前，万山县的木片运输方式全部为公路运输。由于木片厂各自为战，单次运输木片的数量较少，难以采用集装箱运输，装船海运成本优势不明显，因此万山县木片的运输成本较高。

如果万山县能建立一个木材交易集散中心,以现金结算的方式将各小木片厂的木片聚集起来,通过集中运输的方式以陆运转海运的形式运往山东、广东、浙江等地出售,那么万山县的木片运输成本将会降低,利润会相应提高,进而万山县木片的竞争力也会提高。

(二) 糖厂停榨期闲置的优势资源要素

1. 优秀的工人和管理队伍

糖业是万山县的传统产业,万山县两家糖厂均拥有一支由近1 000名有着良好职业操守与技能的优秀工人和管理人员组成的队伍。在榨期,他们是糖厂生产的中坚力量;而在停榨期,除必要的人员外,绝大部分糖厂员工均有较多时间赋闲在家,不在企业内从事生产劳动。这不仅造成了糖厂优秀人力资源的闲置,而且赋闲在家的员工仅得到基本工资,无其他附加收入,月收入不高。

2. 高效的锅炉供热系统

两家糖厂均有一套完备、高效的锅炉系统,提供整个生产过程中的热能。而这套系统,在停榨期也处于闲置状态。

3. 良好的信用贷款额度

两家糖厂作为万山县重要的工业企业,一直是各银行的优质客户。每年糖厂均会向银行贷款数亿元,用于榨期向蔗农支付甘蔗的收购款。当榨期结束、货款回收后,糖厂便会将银行贷款本息一并归还。糖厂可以整年利用这些授信,从事其他经营活动。

4. 完善的仓储和物流系统

为了储存甘蔗、其他制糖原材料及生产出的白砂糖等产品,两家糖厂均建立了完善的仓储体系。此外,为了便于原材料和产品的运输,两家糖厂均拥有由数以百计的车辆组成的运输车队及相应的调度管理团队。但在停榨期,这两套系统也闲置了。

(三) "糖厂特点+木片业痛点=产值爆点"

结合上述两点,糖厂可利用闲置的资源要素解决木片业的难点、痛点,通过以下3种经营活动产生产值爆点。

1. 尝试停榨期的劳务输出

糖厂可以通过成立劳务公司,将有意向在停榨期从事木片业工作的员工组织起来。相关员工由县人力资源和社会保障局培训得到相应操作证后,由糖厂与木片厂签订协议,糖厂继续缴纳社保,将工人以劳务派遣的方式派往万山县各木片厂务工,从事木材旋切、晒板等工作,在原基本工资的基础上,多得木片厂务工收入。同时,糖厂作为人力资源提供公司,也可得到一定收入。而木片厂在得到糖厂的高素质工人队伍的支持后,也可实现与糖厂榨期实施的"三班制",每天可三班倒进行生产,那么木片厂的产能将得到充分释放。此外,糖厂完备的制度和高效的人力资源管理能力,通过合理的调配,也可使木片厂生产班组在个别成员请假的情况下,保证生产线正常生产,极大提高木片厂的生产线稳定性。

2. 尝试成为木材交易集散中心

糖厂可以尝试成为万山县木材交易集散中心,以良好的信用,向银行贷款,通过现金支付的方式,从万山县各小木片厂收购成品木片并对外出售。依靠两家糖厂的资金及榨期闲置的仓库,必然可汇集万山县大部分木片厂生产的木片,并将其存放于厂区内。以木片厂每立方米少赚的15元利润计算,万山县一年约200万立方米的木片可为两家糖厂提供3 000万元的产值。而在糖厂统一对外销售过程中,可通过铁路运输、水路运输等方式将木片销往山东、浙江等地,这不仅降低了物流成本、提高了利润,而且万山县木片业的价格优势也得到了显现。

3. 尝试成为木材烘干基地

木材烘干效率受天气及场地影响很大,随着政策导向的变化,未来木片厂的晒场将会越来越小、越来越少。此外,虽然部分木片厂拥有烘干线,但其供热的锅炉效率远不及糖厂的先进锅炉,如果他们不升级锅炉,那么未来一定会被淘汰。若糖厂利用停榨期闲置的锅炉系统和空闲的场地,建设木片烘干线,那么在烘干线建成后,糖厂可以通过收购各木片厂旋切的鲜木片进行烘干,再对外出售的方式,赚取烘干和交易环节的利润。或者,糖厂也可以通过为木片厂提供烘干服务,收取加工费。按每立方米180元的加工费和40元的成本,以及万山县未来年产600万立方米木片计算,如果每家糖厂可代烘干全县1/4的木片,那么每家糖厂将增加约2.1亿元的利润。

四、谈谈万山县如何将生态要素优势转变成资金要素优势

"绿水青山就是金山银山",习近平总书记于2005年8月提出的这一科学理念已深入人心。万山县作为省级重点生态功能区,县内森林资源丰富,空气、水体、土壤条件优良。拥有良好的生态环境,是万山县人民群众的骄傲和珍视之事;保护好生态环境也是全县的共识。在如何利用绿水青山带动经济发展,创造"金山银山"的问题上,习近平总书记多次强调:"保护生态环境就是保护生产力,改善生态环境就是发展生产力。"怎样将万山县的生态优势转变为发展优势和资金要素优势呢?

《中共中央关于制定国民经济和社会发展第十四个五年规划和二〇三五年远景目标的建议》(以下简称《建议》)给出了很好的解答:生态文明建设实现新进步,主要污染物排放总量持续减少,健全自然资源资产产权制度和法律法规,加强自然资源调查评价监测和确权登记,建立生态产品价值实现机制,完善市场化、多元化生态补偿。全面实行排污许可制,推进排污权、用能权、用水权、碳排放权市场化交易。完善环境保护、节能减排约束性指标管理。

《建议》提出的碳排放权市场化交易,已经在全国8个省市进行了试点,2019年全国二氧化碳排放总量近100亿吨,按成交均价30元/吨计算,排除原有指标,碳排放交易市场已超千亿。《建议》要求全面实行排污许可制,建立生态产品价值实现机制,排污权、用能权、用水权等市场化交易前景也不容小觑。万山县将以落实《建议》为契机,将生态优势转变为资本、价值优势,进而成为发展优势,真正做到"绿水青山就是金山银山"。

(一) 知家底,懂潜力

要将生态优势转变成资金优势,首先要对万山县的生态容量进行测算。

1. 万山县森林生态容量的测算

据统计,万山县境内约有林地283万亩,其中松木85.1万亩,杉木0.342万亩,桉树105万亩,玉桂0.825万亩,八角10.58万亩,油茶1.798万亩,柑橘3.2万亩,坚果2.6万亩,自然保护区57万亩,残次林约16.8万亩。按照树种类型单位吸附污染物能力计算,可得万山县森林资源对主要污染物的吸附能力如表3所示。

表3 万山县森林资源对主要污染物的吸附能力

林地类型	面积/万亩	年吸附主要污染物量/吨			
		二氧化硫	氮氧化物	氟化物	滞尘量
松木	85.1	12 231.7	568.5	558.8	1 954 463.3
杉木	0.342	93.8	3	1	7 300.6
桉树	105	6205.5	782.6	868	3 166 100
玉桂	0.825	48.8	6.1	6.8	24 876.5
八角	10.58	625.3	78.4	87.5	319 022.3
油茶	1.798	106.3	13.6	14.9	29 007.7
自然保护区	57	15 618.0	494.0	471.2	1 718 740
柑橘	3.2	189.12	23.72	26.45	96 490.7
坚果	2.6	153.66	19.27	21.49	78 398.7
总计	266.445	35 272.13	1 989.21	2 056.1	7 394 399.73

参考广西壮族自治区林业勘探设计院发布的《2018年广西森林生态系统服务价值评估报告》(以下简称《评估报告》)中有关生态系统服务功能价值计算方法及价值量评估参数,运用排污费代替测算法,按二氧化硫排污费收费标准1.89元/千克、氮氧化物排污费1.89元/千克、氟化物排污费2.07元/千克、降尘收费标准0.45元/千克计算,万山县森林资源在主要污染物治理方面的价值约为34.02亿元。

再次参考《评估报告》计算方法及评估参数,可测得万山县森林资源固碳释氧量如表4所示。按《三明市林业碳票管理办法(试行)》给出的碳票10元/吨,以及《评估报告》中2018年工业氧气销售价格3 620元/吨测算,万山县森林资源固碳释氧价值约为89亿元。

表 4　万山县森林资源固碳释氧量

林地类型	固碳量/万吨	释氧量/吨	固碳价值/万元	释氧价值/万元
松木	34.38	714 840	343.8	258 772.08
杉木	0.12	2462.4	1.2	891.39
桉树	57.61	1 336 300	576.1	483 740.6
玉桂	0.09	1 738	0.9	629.16
八角	1.16	22 288.53	11.6	8 068.45
油茶	0.18	3 409	1.8	1 234.06
自然保护区	16.95	365 180	169.5	132 195.16
柑橘	0.32	6 058.67	3.2	2 193.24
坚果	0.26	4 922.67	2.6	1 782.01
合计	111.07	2 457 199.27	1 110.7	889 506.15

2. 万山县水面生态容量的测算

万山县全县有河流水面 3 062.46 公顷,水库水面 5 304.76 公顷。

3. 万山县耕地生态容量的测算

万山县种植有 46 万亩糖料蔗。利用万山县糖料蔗主产区气象站点气温、降水、日照、平均相对湿度、水汽压、风速等气象资料,结合土地利用系数、地面生物量观测结果及遥感植被指数数据,基于糖料蔗生物固碳气象评估模型,对万山县糖料蔗固碳能力开展监测。2023 年万山县糖料蔗固碳量评估值为 0.85—1.18 吨/亩,平均为 0.96 吨/亩,总固碳量为 44.16 万吨。2024 年评估值约为 0.9 吨/亩,总固碳量为 41.4 万吨,略有下降。万山县水稻种植面积约 10 万亩,参考刘利花等人在《地理科学进展》上发表的《稻田生态系统服务价值测算方法与应用——以苏州市域为例》,可得万山县水稻对主要污染物吸附能力如表 5 所示,运用排污费代替测算法计算,万山县稻田生态容量价值约为 50 万元。

表 5　万山县稻田对主要污染物的吸附能力

种类	面积/万亩	年吸附主要污染物量/吨			
		硫化物	氮氧化物	氟化物	滞尘量
水稻	10	300	222	3.8	221

通过上述测算,我们可以得出结论:万山县的整体生态总容量价值是一笔巨大的财富。

(二)怎么做?

1. 生态容量优势就是发展优势

万山县每年新提供的生态容量,即对主要大气污染物的吸纳消解能力,远超全县排放量。在要求区域碳平衡、污染物排纳平衡的状态下,区域生态容量有余额将既是招商引资的重要抓手,又是县内企业在市场竞争中的优势。在严格执行重点生态功能区产业负面清单,严格落实各项环评专项,要求新引进企业在采用先进工艺设备,生产先进产品的前提下,有序适度发展工业产业,做到"既要绿水青山,又要金山银山"。例如,县内近两年落地的氧化钙企业采用的都是国内外先进工艺;矿山建设方式为微爆破,这是一种由顶向下平层式开采的绿色矿山模式。对于已有企业,严格落实清洁生产,做到污染物超低排放甚至零排放。例如,县内华润水泥实现超低排放二氧化硫,仅2.96毫克/米^3(国家标准为200毫克/米^3);华林、鲁华等人造板企业实现了废水废渣综合利用率100%。

2. 把生态容量优势打造成价值、资金优势

生态指标会有市场吗?怎样变成资金呢?假如某企业在现有工艺下每生产100万吨产品需要排放二氧化硫50吨、氮氧化物200吨,在没有实施排污许可证这样的约束性指标之前,该企业只要达标排放就可以正常生产,产量不限。但在实施排污许可证政策以后,假设该企业每年许可排放50吨二氧化硫、200吨氮氧化物,那么该企业的生产就会受到约束性指标的政策约束,每年只能生产100万吨产品。如果该企业希望扩大生产,每年生产200万吨产品,将有两种选择:一是改进生产工艺,降低生产单位产品的污染物排放,将每百万吨产品排放的二氧化硫降到25吨、氮氧化物降到100吨;二是向交易平台购买相应的排放指标,实现扩大生产,此时的指标价值就不仅仅是前面所述的吸附价值了。

3. 万山县可以做什么?

第一,依法确权,等待时机。万山县应抓住《建议》提出的要点"健全自然资源资产产权制度""加强自然资源调查评价监测和确权登记",提前对辖区内的山林、耕地等生态功能体进行预确权登记。等待时机,随时准备迎接即将到来的排污权、用能权、用水权、碳排放权的市场化交易。国内未来生态指标的交易,大概率也会选取试点县开展。哪些县有资格成为试点县呢?应该是列入重点生态功能区的县。目前,万山县是省级重点生态功能区,假如列入国家级重点生态功能区,那么获得交易指标的资格就更充分了。

第二,开展生态指标再造规划和工程建设。万山县的总体生态容量取决于林地、水面、耕地等生态功能体,其总量现阶段是固定的。因此,可以在调查的基础上编制《万山县生态指标再造规划》,通过生态指标再造项目增加万山县的生态容量和生态指标。当正式推行排污权、用能权、用水权、碳排放权的市场化交易后,按照《建议》要求"建立生态产品价值实现机制,完善市场化、多元化生态补偿",原本富余的指标和新增的生态指标就可以通过市场化交易变成万山县的价值优势和资金优势。这可以与"十三五"期间的耕地提质改造、旱改水指标的再造和交易进行类比。

万山县现有残次林约16.8万亩,坡度>25度的耕地约1.2万亩。这些土地可以通过坡地改梯田、人工培育森林、退耕还林等方式,成为类自然保护区的森林或者其他特殊树种种植区,以增加万山县的生态指标。通过计算,上述约18万亩的土地全部变为类自然保护区森林后,可多吸附约4 590吨二氧化硫、145吨氮氧化物、138吨氟化物,滞尘50万吨,固碳5万吨,释氧10万吨。仅按上述排污治理费计算,这18万亩新增的类自然保护区森林的污染物吸附指标及固碳释氧价值就约6亿元。据统计,万山县目前约种植有100万亩的速生轮伐树种。按照国家林业和草原局的建议,可以采取营造混交林的方式,通过合理布局、科学培育,提高造林绿化质量和物种多样性,进而提高生态容量。相关研究显示,自然保护区对于各类污染物的吸附能力强于单一种植树种,如果万山县一半的单一轮伐树种变成混交林,仅二氧化硫吸附量一项,便可新增约1万吨,相应排污指标价值1 260万元。

综上所述,万山县可以利用自身良好的生态优势,抓住《建议》提出的生态指标市场化建议,提前布局,将生态优势转变为发展优势。

乡村公司化

——实现乡村振兴的集体经济路径探索

李林松

作者简介

李林松,四川达州人,出生于1990年7月,北京大学软件与微电子学院计算机技术2019届硕士毕业生,在校期间荣获北京大学"挑战杯"三等奖。毕业后选调至四川省,现就职于四川省公安厅经济犯罪侦查总队,在宜宾市长宁县公安局挂职副局长,兼任长宁镇天星村副书记。

摘 要:集体经济将乡村分散的生产力组织起来,达到规模效应,从而可以实现更好的盈利,是实现乡村经济发展的有效途径。集体经济是市场经济的组成部分,也要按市场经济规则运行。大力发展乡村集体经济,将整个乡村当作公司来运营,是实现乡村增收,达到乡村振兴核心目的的重要方式。

关键词:乡村振兴;集体经济;乡村公司化

乡村振兴的核心之一是产业振兴,产业振兴是实现乡村振兴的首要和关键。[①] 产业发展的目的是实现收益,乡村振兴只有发展产业,才能产生内生动力,进而用产业发展引领乡村振兴。笔者结合自身实践经历和资料分析,发现将整个乡村公司化运作是实现乡村产业发展,从而达到乡村振兴的较好途径。

---

① 中共中央,国务院. 中共中央 国务院关于做好2022年全面推进乡村振兴重点工作的意见[EB/OL].(2022-02-22)[2023-01-23]. http://www.qstheory.cn/yaowen/2022-02/22/c_1128406852.htm

一、乡村公司化的概念

乡村公司化的本质是将整个乡村作为一个公司运作,形成较强的乡村集体经济,实现集体经济市场化。这种模式将整个乡村从行政、自然主体转变为经济主体,从而实现乡村发展、村民致富。

(一)传统的小农经济不能满足乡村振兴的需求

传统的小农经济能稳定家庭和社会,使我国大量农村人口有所依靠,是社会的"稳定器"。传统的小农经济经过我国数千年的发展,其效率已经达到极致。但是,传统的生产要素和技术条件已经不适应社会化大生产的需要了。即使引入现代化的机械、化肥、改良的农作物等,传统的生产方式仍然很难达到让农民致富的效果。同时,分散的农民没有大量的储蓄可用于固定资产投资,因而边际收益也很难得到提高。

在脱贫攻坚阶段,传统的小农经济能让村民脱贫,实现温饱,但是其固有的分散、效率低、对市场反应慢等缺点使其很难做大做强,实现致富小康,因此,这样的方式不适应乡村振兴的需求。

(二)集体经济及乡村公司化对乡村振兴的意义

乡村集体经济是实现产业聚集,整合乡村资源,达到"1+1>2"效果的重要方式。集体经济能更加有效地实现规模效应,提高产品市场竞争力,引导资源聚集,实现良性循环,使乡村经济不断迈上新台阶,从而提高农民生活水平,促进共同富裕。

乡村集体经济属于市场经济主体,要按市场规则运行。乡村公司化的目的就是最大限度地调动乡村生产要素,激发市场活力。这符合乡村实现产业发展的需求,可以达到更高效的资源配置和生产销售。公司以追求利润为首要目的,整个乡村公司化可以更好地将村民有序组织起来开展生产,按公司的奖惩等管理机制来运营集体经济,调动村民生产积极性,既可以避免集中的"吃大锅饭""搭便车"现象,又可以避免分散的"单打独斗"现象,让乡村实现更好的收益。

（三）乡村公司化的发展模式

乡村公司化要依靠乡村党组织和自治组织,并且让乡村党组织和自治组织成为乡村公司的经营管理层,由村支书或村委会主任担任公司总经理(最好是总经理"一肩挑")。乡村党组织和自治组织虽然具有一定的政权属性,但是它们并不是严格意义上的政府组织,因而具有较大的灵活性。乡村党组织、自治组织和群众直接打交道,而且这种交流很频繁,可以在合适的条件下实现整个乡村公司化运作。乡村振兴的核心是发展产业,乡村组织就应该围绕这个核心开展工作。将工作重心偏向产业发展,符合社会和村民的需求。

目前乡村采取的集体经济发展模式,主要有 3 种。一是乡村自办集体经济,这也是最普遍的形式。由乡村自发组织生产经营,乡村基层组织具有一定的公司性质,但并不具有公司的组织结构和经营能力。这种模式的优势是方便灵活,劣势是效率低下,存在较大的贪腐可能,很容易造成国有资产流失。二是与市场主体合作经营,比较常见的是引入企业投资入股,或者完全将产业交给企业经营,再给乡村分红。这种模式的优势是更加有效率,劣势是乡村资源整合不足,没有最大限度地发挥村里资源的作用和村民的积极性。有时候,甚至可能产生村企对立,企业认为"拯救"了乡村产业,给村民带来了财富,村民认为企业掠夺了乡村资源。三是全乡村公司化运作。乡村公司化就是将乡村土地等资源要素当作资产,折价入股乡村公司,县乡政府担任董事、监事角色,村支书担任公司总经理,村民则是公司员工,可以引入其他公司等主体作为股东或者合作伙伴。乡村公司化最关键的,就是乡村支柱产业方向和公司领导的选择。这种模式的优势是效率高、整合乡村资源能力强,劣势是容易产生腐败。本研究重点讨论的,是基于第三种情况的乡村产业发展模式。

二、乡村公司化的条件

从脱贫攻坚到乡村振兴,我国"三农"工作迎来了又一次新的跨越。根据中国社会发展的情况和国家对乡村未来的规划,未来乡村发展的趋势是注定有很多小乡村不再适应现代经济社会发展的要求,逐渐消失或者被合并。① 国家乡村振兴规划把现有乡村分成了4类:集聚提升类、城郊融合类、特色保护类、搬迁撤并类。针对不同类型的乡村,分别明确了未来不同的发展道路。虽然有的乡村分散的小农经济发展得较好,但是从经济社会发展的大趋势来看,这种经营方式也是会逐渐消亡的,因为这不符合社会化大生产的要求。乡村振兴不是要振兴所有的乡村,而是从整体上着眼,遵循乡村的变化趋势和发展规律,根据不同乡村的客观情况,选择有优势条件的乡村振兴,顺势而为,让有限的资源发挥出最大的效益,实现效率和公平的统一,这样才能事半功倍。

笔者考察乡村产业的发展②,总结归纳出较好实现乡村公司化需要具备的5个条件。一是距离大城市群较近。这种区位优势具有潜在的较高消费客户群体,便于发展旅游业,甚至可以形成乡村田园综合体这样较大规模的产业群。如湖州莫干山特色小镇,依托长三角城市群,形成了全国特色的发达乡村小镇。二是依托较好的自然环境。很多乡村的自然环境非常好,对长期居住在城市的居民特别具有吸引力,具有发展自然旅游的优势。但是这种优势可能受限于交通不便或者距离大城市较远,因而导致开发不易。如四川甘孜稻城的景色对于很多游客而言很美,但是甘孜很多其他地区的风景其实不输于稻城,却并没有稻城游客多,很大一部分原因就是交通不便。三是物产丰富或者具有较好的农耕条件。这种条件有利于发展第一产业,村民只要勤奋,就很容易脱贫,但是这种传统的生产模式可能很难实现致富增收。四是政策扶持。主要依靠政府投入大量资金,搭建各种产业发展平台,并在各种渠道进行推介。五是外部公司入股合作。通过外部公司带来的资金、渠道、技术和先进的管理模式等,推动当地产业发展。

具备以上5种条件的乡村有实现跨越发展的可能性。但是,并不意味着具有了以上5种条件的乡村就绝对能够实现振兴,较差的组织模式和较低的资源利用效率会使得资源不能物尽其用,甚至造成资源浪费,最终导致发展缓慢。

---

① 朱凤凯,张凤荣.我国不同阶段合村并居模式对比及启示[J].广东土地科学,2015,14(5):19-25.
② 农业农村部,国家乡村振兴局.农业农村部 国家乡村振兴局关于公布2022年国家乡村振兴示范县创建名单的通知[EB/OL].(2022-10-17)[2023-01-23]. https://www.gov.cn/zhengce/zhengceku/2022-10/17/content_5718947.htm

同时,发展条件是可以创造的,先天不具备这些条件的乡村可以创造部分条件,但是成本可能较高,进而导致性价比较低,创造条件的办法需另行讨论。从经济效益的角度出发,本研究不建议将这类乡村作为乡村振兴的重点。

三、公司化的乡村运营模式

(一)股权结构

公司化的乡村主要由县乡政府、村集体、村民、外部公司四类主体参资入股、参与经营,不可能由某一方全资控股。没有任何一方有能力单独经营好乡村集体经济,况且这样做也不利于调动各方面的资源。在出资形式上,可以分为股权和债权出资(表1)。公司股权结构按出资比例、资产折价等方式确定。

表1 乡村公司参与主体的出资形式优缺点比较

参与主体	股权		债权	
	优点	缺点	优点	缺点
县乡政府	增加政府收入,加强对乡村集体经济的监管,能有效引导集体经济发展,有政策优势,便于承揽大型项目,容易获得银行贷款、授信等	政府干预企业生产,生产经营效率低下,权力寻租	风险较低,防止国有资产流失	无法激发政府经营积极性
村集体	充分利用乡村资源	容易产生无人关心生产经营的情况	风险低	收益低
村民	激发村民积极性	风险承受能力低	稳定现金流	收益低,不能激发村民积极性
外部公司	引进先进技术、管理经验等	可能侵吞集体资产	盘活乡村资产,避免利益外流	不利于引进先进技术、经验等资源

根据表1,本研究认为在乡村公司中,四方主体均应占有股份,占比可以根据具体情况确定,债权投资不一定四方都参与,以便于整合各方资源,调动各方积极性,形成发展合力。

县乡政府应该着力于基础设施建设等一系列基础工程。这些工作一般投资较大、收益较低，甚至没有直接收益，却决定着边际收益的上限。村集体很难有较大的资金，依靠市场上逐利的个人（本研究按理性人假设讨论）投资基础设施建设几乎不现实。基于此情况，只有政府承担该项工作最合适。县乡政府在承担了基础设施建设后，往往会以出资在乡村公司中占股并干预公司人事、经营等。本研究认为政府在乡村公司生产经营过程中主要负监管、提供平台和宏观方向的把控责任，也即防止国有资产流失、防止公司实控人非法获利、配合国家宏观方向、向外推销公司产品和服务等，而不应过多参与公司具体经营。[1][2]

村民应该转变角色为乡村公司员工和股东，而不应该是单纯地"躺着收钱"。村集体主要应盘活乡村集体资产，如闲置土地等。外部公司按市场规则参与乡村公司经营。

（二）组织架构

乡村公司不涉及国家经济命脉，不一定要国有或者集体控股，在全村村民集体参股的情况下，具有强调效率优先的条件。

县乡政府、村集体要派出董事、监事，防止国有资产流失，监督公司运营。公司运营可以有两种模式：一是聘请外部公司参与运营，将整个乡村交给外部公司整体规划发展，整个乡村属于公司的一部分，以充分利用外部公司技术和经验。二是引进高素质人才作为致富带头人，担任村支书或者村委会主任（如果能实现"一肩挑"最好），作为乡村公司的总经理。高素质人才的引进对乡村公司的经营发展至关重要，决定着乡村公司的成败。总经理必须拥有乡村公司股权，将其自身利益与公司经营业绩捆绑，才能激发其创业干事的积极性。在这种需求下，往往从乡村里走出去、增长了见识的本地人最适合任职。笔者考察过几个村支书担任总经理的乡村，有的村支书甚至拒绝上级提拔，他们大多是外出增长见识才干之后回乡创业的本地人，有深厚的乡土情结。同时，回乡创业带给他们的收益也是巨大的。他们将自身利益与乡村公司捆绑，将整个乡

---

[1] 林毅夫.新经济发展中的有为政府和有效治理[J].新经济导刊,2020(1):12-15.
[2] 曹永森.政府干预经济基础理论与行为模式[M].北京:国家行政学院出版社,2012.

村当作自己的公司运作,科学规划、长期布局,为每位村民分配相应的产业和工作内容,不仅带动村民致富增收,而且自己也获得很多收益,一荣俱荣,实现了双赢。"君子爱财,取之有道。"这是其中一位村支书对笔者说的,也反映了村支书分享乡村公司发展利益的想法。要留住人,必须给予相应的经济补偿,尤其是市场化运作的公司,更有必要给予职业经理人相应的报酬,而不能只是单纯地将其视为农村行政主体,强调奉献而不给予收益回报。

(三)产业规划

在进行乡村产业规划时,应该将市场需求和自身条件相结合。笔者调研乡村产业,发现很多地方发展产业的思路是"我有什么就卖什么",但是从短期和微观来看,需求决定供给,正确的发展思路应该是"市场需要什么就发展什么、卖什么"。这种产业规划的偏差也是很多地方发展产业失败的重要原因之一。

产业规划可以从以下几个方面分析。一是市场需求现状。先粗略评估乡村产业现状,根据已有产业,调研该产品或服务销售情况。评估下一个周期市场对该产品的需求情况、产品或服务可以销售到的地区分布、销售价格等,对应该生产多少产品、能实现多少利润、成本应该怎样控制等做好规划,科学有序地发展产业,在产品生产出来之前就能保证销售盈利,避免盲人瞎马。二是行业发展现状。具体包括前三年或者五年内该类产品的销售情况、周期怎样、未来一两个周期内发展情况又如何、有哪些配套产业或服务需要关注、供应链怎样建立、成本多少等,并实时关注国家相关政策,避免产品滞销,借国家扶持实现销售增收。三是客户画像。分析客户群体有哪些、他们的需求是什么,再进行精准营销。针对客户需求不断改进产品和服务,推出新的产品和服务以满足客户的进一步需求。甚至可以精准培育市场,使客户养成消费该产品或服务的习惯。四是了解竞争优势。调研市场同质产品或服务的价格、销售情况等,分析同质产品和服务及自己的优劣势,进行差异化竞争。五是用市场需求倒推生产。采用逆向思维,评估自身生产销售能力。对乡村先天条件进行评估规划,评估出生产能力和规模。进一步分析,如果需要改进,还需在哪些方面补足,以实现效益最大化。

（四）生产经营

通过产业分析制订生产计划并在村里分配。根据乡村具体情况制定不同的生产单元,如以家庭或者村组为单元等,这样的生产单元相当于工厂生产车间。对生产单位生产出来的产品进行评估考核,并进行奖优罚劣,最后形成乡村公司的最终产品,实现销售营收。乡村产业生产经营过程中应该引进外部公司参与,这是有益的也是必要的,华西村的发展历程就很好地说明了这一点。华西村通过集体经济较好地实现了资源聚集,进而实现了致富奔小康。但是,华西村不引入外部人才、资本和产业,单纯依靠乡村本身发展集体经济,这种先天的封闭性、排他性使得乡村公司越来越受限,最后阻碍了乡村的良性发展。

乡村公司化并不意味着乡村所有经济形态都必须是集体经济。对于具有条件的乡村,存在村民认为个体经营收益更高的情况。作为乡村公司总经理的村支书或村委会主任可以分两种情况开展工作：一是鼓励村集体经济与村个体经济开展业务合作。双方属于产业链上的不同环节,都是独立法人,在业务间开展协作,应签订商业合同。二是乡村公司要承担联合发展的责任。当一个乡村的个体经济较多并且发展较好的时候,个体经济在开始时都不太愿意成为乡村集体经济的一部分。乡村集体经济可以在开始时将其作用定义为商会功能,从协助处理纠纷、维权等开始,到后面协助生产销售,再到最后吸引个体经济成为集体经济的一部分,从而实现规模效应。湖州莫干山多元主题化的民宿产业就经历了这样的发展过程。该地旅游民宿行业当时已较发达,当地政府制定发展规划,并且成立相关组织与个体经济进行共同规划管理。进一步挖掘资源,打造各种主题旅游胜地,发展文创产业;同时加大有机农业开发力度,形成高端生态农业模式,最终使得当地产业发生质的飞跃。需要注意的是,这种发展模式需要乡村甚至市县组织运营公司,才能有序高效地整体推动。如果村支书或村委会主任能够胜任总经理的角色,这种整体推动将会事半功倍。

（五）销售推广

销售推广应该建立在前期市场调研的基础上,在产品生产出来之前就考虑好销售渠道和方式。乡村公司在选择外部参股企业的时候,如果没有合适的销售渠道,就应该考虑引入有良好销售渠道的公司合作。此外,政府在搭建销售平台过程中的作用较大,不可忽视。乡村公司可以采用订单制、与超市对接、平台展销、直达配送、线上网店、高端定制、直播带货等方式销售。同时还应注意,所有的销售工作都是基于前期的项目论证,需要前期做好市场调研。

四、实现方式

(一)党建引领

党建引领组织振兴,是乡村振兴的政治底色和最牢根基。党的绝对领导一方面保证了乡村公司的发展方向;另一方面,也为乡村发展提供了支撑和保障。转型的乡村对治理权威、组织化和向心力的需求尤为迫切,党组织对群众行动力有着巨大的影响。为此,乡村党组织一要加强组织架构建设,压实责任,完善制度体系。乡村转向公司化,其核心的领导体系和治理体系也需要相应发生转变,以适应市场化的需求。二要加强价值体系建设,定位好乡村党组织的性质。乡村党组织要把发展乡村公司设为工作核心任务,重新定位组织角色。在工作中,要增强群众路线的工作方式与工作作风,筑牢以人民为中心的发展思想。要做好思想政治工作,建立健全党建引领下的行动思想与价值理念,解决好村民在转型过程中的思想问题。三要加强基层动员与资源整合。可以适当增加入党名额,增强党组织的行动能力。要开展整体治理能力建设,加强治理动员,搭建乡村自治网络。要压实主体责任,推进"党建引领产业"发展。乡村党组织要将乡村资源整合,比如将闲置的集体用地、村民流转地整合,转变成发展资源,以土地折价入股乡村公司。通过党建引领发展,将党组织的资源优势、动员能力转化为乡村公司的发展能力,形成发展乡村公司强有力的领导体系。

(二)转变政府经营理念

乡村公司化意味着乡村治理的核心是经营乡村公司,因此县乡政府和乡村党组织、自治组织也应该将观念从行政转到经营上来,也即学会"做生意"。县乡政府要将乡镇当作一个个独立的公司,进行适当放权,适当给予乡镇对资源的自主开发、支配权,以经济效益为主要考核指标。当然,要对国有资产利用进行监管,防止腐败的发生。县乡政府要强化战略目标管理,科学评价乡村发展规划并进行指导建议。要协调联动各部门,发挥整体作用,充分有效地利用各种资源并协调照顾各方利益。要加强制度保障,建立完整的公司运营规章制度。尤其对分红,甚至对村支书担任的总经理进行较大分红要提前做好制度规划,避免他人对总经理较大分红产生疑问。对乡村公司发展过程中的各种障碍和质疑,要正面处理,给予乡村公司足够的支持和保障。

乡镇党委书记也要将自己当成乡村公司总经理而不单是行政主体。要将村民当成是公司员工,建立相应的考核机制,对村民员工进行奖惩,调动村民干事创业的积极性。要对村民加强思想教育,让村民明白他是乡村公司的员工、股东,让其自发积极主动地为乡村公司贡献自己的力量。

(三) 政府给予资金支持

乡村无力承担较大的资金成本,因此应由政府承担,或者依靠政府能力来解决。习近平总书记强调,要整体推进财税、金融、投融资体制改革,解决好重大基础设施项目、市政项目、实体产业部分资金循环不畅问题;要提高投资有效性和精准性,推动形成市场化、可持续的投入机制和运营机制。[①] 除了财政拨款,还应拓宽融资渠道,完善融资体系。要完善社会资本参与投资体制机制,打通社会资本参与乡村公司发展的渠道。乡村公司以促进乡村经济发展为主要职责,政府可以尽最大可能取消各类附加条件,对民营企业公平参与投资乡村建设的羁绊进行清理规范。要深化"放管服"改革,便捷民企参与渠道,运用财政政策的杠杆效应,通过税收优惠等,充分发挥政府引导激励作用,激发各类市场主体投资活力。在股权和债权领域都可以引入民企,鼓励私募基金积极参与乡村公司,在企业所得税等方面给予一定优惠和扶持政策,并完善流转税、所得税等支持手段,形成常态化、普惠性社会激励政策。在财政评估可行的条件下,积极利用各种专项债券。当然,这种乡村公司融资体系必须是可持续的。要加强 PPP 融资模式运用,鼓励金融机构充分运用投贷联合、资管计划、资产证券

---

① 转引自京津冀协同发展领导小组.京津冀协同发展规划纲要[Z/OL].(2015-05-01)[2023-01-23].https://www.ndrc.gov.cn/gjzl/jjjxtfz/201911/t20191127_1213171.html

化、股权融资和融资租赁等多种方式。必要时,政府可承担稳定的现金流责任;政府也可以引导乡村对现金流收益较稳定的部分资产采用ABS融资模式;对较大生产投资,采用融资租赁模式等,以盘活资金,扩大生产规模。

(四)有序推进农村集体产权制度改革

要实现乡村公司化,就一定要健全归属清晰、权责明确、保护严格、流转顺畅的农村集体产权制度,对集体产权充分开发利用,并合理确定集体资产折价方案。要推动农村集体经营性建设用地与国有土地同等入市、同权同价方案实施落地,建设农村集体产权流转交易平台。要开展集体资产折股价交易、退出、抵押、质押、担保等各项功能的实践探索,优化集体资产的利用。同时,乡村公司属于集体,要根据乡村具体情况,建立村民和乡村公司之间良好的所有权关系。

(五)政府的监管责任

县乡政府尤其应该加强对乡村公司的监管。乡村公司由于以利润为导向,突出经营效益,因此给予了总经理更大的权力,因而更容易产生腐败和国有资产流失问题。县乡政府要规范乡村公司人事任免制度,完善乡村公司管理层市场化聘任制度,监管总经理等重要管理层产生过程。要对公司经营中重大事项审批、公司产权转让过程等实施监督监管。要完善责任倒查追究机制,完善国有资产损失追偿的诉讼权制。当然,政府监管不应影响乡村公司效率,不能设置过多程序使得公司陷于烦琐的程序而影响发展。

五、问题反思

乡村公司化是以经济效益为导向,使乡村的传统职能发生转变,因此必然会产生很多转型中的问题。限于篇幅和作者水平,实现乡村公司化仍有许多需要解决的问题本研究没有进行讨论。

(一)乡村党组织和自治组织行政职能的履行

乡村公司化强调效率,可能使其忽视村组织基础社会职能的履行,社会公共服务和乡村治理职能履行可能不足。

（二）对乡村公司总经理素质要求较高

公司的发展非常依赖于"能人"领导，因此对乡村公司的领导人素质要求非常高，不仅要具有产业发展能力，而且要有"公心"，才能带领整个乡村发展致富。乡村可以多元化发展产业，但是必须找到适合自身发展的主导产业，甚至很多时候是举全村之力发展一个产业，因此风险承受能力较低，成败在此一举，这更加重了公司总经理的责任压力。

（三）县乡政府和村里利益博弈

一方面，对既有优质资源，县乡政府往往捏在自己手里，不愿意交给乡村规划经营；另一方面，乡村发展起来的公司会使得县乡政府有"摘果子"的想法，将乡村发展起来的优质公司剥离占有，影响乡村公司的后续整体发展。

（四）可能发生腐败

乡村公司以效率优先，省掉了烦琐的程序，这使得公司总经理等管理层人员有较大的违规操作空间，存在侵吞集体资产的可能性。

参考文献

[1] 戴晓栋.供给侧改革背景下国有企业改革的新思路探讨[J].现代国企研究,2019(10):55.

[2] 郭晓鸣,王蔷.深化农村集体产权制度改革的创新经验及突破重点[J].经济纵横,2020(7):52-58.

[3] 衡霞.组织同构与治理嵌入:农村集体经济何以促进乡村治理高效能:以四川省彭州市13镇街为例[J].社会科学研究,2021(2):137-144.

[4] 蒋和平,杨东群.新中国成立70年来我国农业农村现代化发展成就与未来发展思路和途径[J].农业现代化研究,2019,40(5):711-720.

[5] 卢江.论中国特色社会主义国家经济治理的逻辑与本质:基于马克思恩格斯国家经济职能观的研究[J].当代经济研究,2020(7):36-45.

[6] 缪听雨,张红阳.再集体化:农村集体经济薄弱村的增收逻辑及其走向[J].齐齐哈尔大学

学报(哲学社会科学版),2020(8):63-66.

[7] 田振兴.基于供给侧改革的国有企业改革探讨[J].现代经济信息,2019(7):54,56.

[8] 王明成,华姝."村社合一"兴产业 强村富民促发展[J].当代贵州,2020(34):42-43.

[9] 韦少雄.村民自治组织和农村集体经济组织法律关系辨析[J].法制与社会,2012(31):210-211.

[10] 辛宇.国有资本投资、运营公司与国有经济的高质量发展:基于国企系族的视角[J].财会月刊,2019(11):3-8.

[11] 杨宗连,吴兆明,刘乃祥,等.建立集体经济组织 促进农村经济发展[J].江苏农村经济,2012(3):66-68.

[12] 张振英.论社会主义市场经济条件下政府经济职能转变[D].吉林:吉林大学,2004.

[13] 钟真,封启帆,王翔瑞.共享富农:农业农村现代化中的民生福祉增进[J].农村经济,2021(10):9-17.

"双碳"目标背景下关于推进乡村振兴绿色发展的案例研究

——以四川省宜宾市长宁县东风村为例

刘硕英

作者简介

刘硕英,陕西榆林人,出生于1993年8月,北京大学环境与能源学院硕士毕业生,在校期间荣获北京大学优秀毕业生、北京大学优秀团支部书记、北京大学学习优秀奖等荣誉。毕业后选调至四川省,现任四川省发展和改革委员会一级主任科员,2020年10月—2022年10月在宜宾市长宁县挂职任县发展和改革局副局长、长宁镇东风村党总支第一书记。

摘　要：乡村是生态环境的主体区域,乡村振兴是实现"双碳"目标的重要路径,推动乡村振兴绿色发展,是我们党深刻把握现代化建设规律和新时代城乡变化特征得出的结论,是"双碳"背景下扎实推动乡村产业、人才、文化、生态、组织振兴的必经之路。本研究基于四川省宜宾市长宁县东风村案例,采用实地调研走访等方法,深入分析了东风村的产业振兴方式、经验及不足之处,并提出对策建议。结果表明,东风村通过着力打造"大分散、小集中"的规模化肉牛养殖新格局,大力建设"一村一品",实现了贫困户脱贫和产业振兴,其"三统一"保障服务体系和"支部四+"模式可供借鉴,但仍存在清洁能源使用有待保障、村民生态意识有待提升等不足之处。基于此,本研究提出建设"生态东风、环保东风、美丽东风、文明东风和可持续东风"的五大路径,以及助力其拓宽绿色产业发展的"一条主线、四大板块"新模式。

关键词："双碳"目标;乡村振兴;绿色发展

一、引言

习近平总书记在主持召开中央财经委员会第九次会议时强调,要把碳达峰、碳中和纳入生态文明建设整体布局,如期实现2030年前碳达峰、2060年前碳中和的目标。落实"双碳"目标是以习近平同志为核心的党中央经过深思熟虑作出的重大战略决策,农业和农村作为生产、生活、生态的综合大系统,既是经济社会发展的重要基础,又是碳排放的重要领域。据联合国粮食及农业组织的研究报告,2018年,全球粮食体系排放的二氧化碳高达160亿吨,较1990年的水平提高了8%。粮食体系排放量占人为温室气体排放总量的33%,农场生产、生产上下游排放(主要由供应链、消费和浪费产生)占二氧化碳排放的2/3。[1] 这些数据表明,农业绿色发展是实现"双碳"目标的重要路径,实施全面乡村振兴战略,推进农业农村现代化建设,始终肩负着实现"双碳"目标的责任和使命。

同时,"双碳"目标的提出也将倒逼农业农村现代化绿色发展转型升级,从产前绿色投入品开发使用,到产中绿色技术模式的创新,到产后农业废物的资源化利用,全链条实现面源污染物流量的减少[2],有利于促进农业农村产业结构、种植业结构战略性调整,加快生态宜居美丽乡村建设步伐。我国广袤的乡村地区发展优势在生态资源,发展潜力也在生态资源,农业农村绿色生产生活方式的加快构建,必将使乡村生态振兴成为落实"双碳"目标的新阵地。[3]

党的二十大报告提出,要全面推进乡村振兴,坚持农业农村优先发展,加快建设农业强国。适逢全面实施乡村振兴战略和落实"双碳"目标这两个关键窗口期,广大农村地区如何主动把握机遇,促使乡村振兴朝着绿色、节能、减排、低碳方向发展,便成为当下必须提前思考的课题。本研究以东风村为例,在探讨大力推动村集体经济发展经验的基础上,结合实际剖析不足之处,并为东风村

---

[1] Tubiello F N, Rosenzweig C, Conchedda G, et al. Greenhouse gas emissions from food systems: Building the evidence base[J]. Environmental Research Letter, 2021, 16(6):1-13.

[2] 于法稳,林珊.碳达峰、碳中和目标下农业绿色发展的理论阐释及实现路径[J].广东社会科学,2022(2):24-32.

[3] 崔健,王丹.乡村振兴背景下农村绿色发展问题研究[J].农业经济,2021(2):44-45.

未来发展模式提出规划与建议,以期为该地区推动农业绿色发展、走好乡村振兴第一步提供理论与现实依据。

二、基本情况

东风村位于四川省宜宾市长宁县长宁镇北端,宜长路沿线,属川南丘陵地貌,海拔280—340米,常年雨量充沛,年降雨量1 100毫米左右,年平均气温18.2摄氏度,气候温和,适宜居住。东风村距县城和宜叙高速长宁互通口直线距离约5千米,成贵高铁临空而过,省道308穿线,与国道246衔接,交通十分便捷。

东风村占地面积约7平方千米,属三类建制村,2019年村建制调整改革后由原东风村、和平村、新民村3个村合并而成。东邻长宁镇星月村,西邻翠屏区李端镇板栗村,南邻长宁镇坪上村,北邻翠屏区李端镇双鱼村。全村土地面积约10 500亩,其中,耕地6 000余亩,林地11 00余亩。特色资源主要有竹类植物,特色产业是肉牛养殖,被长宁县委、县政府授予"长宁县优质肉牛养殖园区"。

东风村村委会辖5个村民小组,共有村民671户,户籍人口2 782人。本村共有56名党员,设基层党总支1个,下辖一、二两个支部。村"两委"有常职干部3人、综合专干2人。本村有高中或相当学历115人,大专及以上学历45人。在从业方面,本村及县内从业1 080人,县外从业、务工540余人。2021年村民人均可支配收入约19 000元。

东风村目前已成立2个集体经济组织,分别是裕林肉牛养殖专业合作社、宜宾市长宁县长宁镇东风村股份经济合作联合社。

三、发展成效与经验

近年来,东风村坚持"党建引领、因地制宜、统筹兼顾"的总体思路,立足资源禀赋和发展优势,积极推进村内基础设施建设,大力推动产业融合发展,加快构建现代乡村产业体系,走出走好了乡村振兴"第一步"。

(一)党建引领作用凸显

东风村十分注重党建的引领作用,坚持不懈把党建放在各项工作的首位

(图1），坚信只有党建强，才能班子强，才能使东风村各项事业有条不紊，蒸蒸日上，走在长宁靠前列。

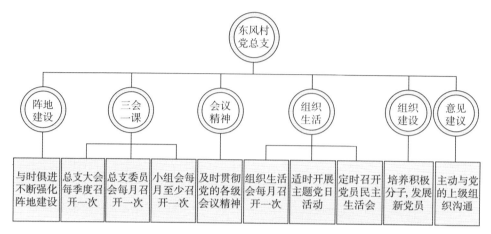

图1　中共长宁县长宁镇东风村总支部委员会党建工作一览

东风村党总支以强化组织力为重点，不断提升村级党建阵地建设水平。一是在"建"上下功夫，先后多方筹措资金，累计投入近60万元建成了形象崭新的东风村党群服务活动中心，硬件、软件一起抓，补充设备设施，换新宣传专栏，营造良好的学习服务氛围。二是在"用"上见成效，坚持总支大会每季度召开一次，总支委员会每月召开一次，支部及小组会议每月至少召开一次，及时传达党的各级会议精神和方针政策。此外，积极组织"建党100周年"等特色党日活动（图2），2020—2022年，培养入党积极分子7人，发展新党员4人，其中女性党员1人，不断向党组织输送新鲜血液。

一个村的发展，支部和班子是关键，东风村总支一班人，不仅是堡垒，而且是战斗能手。村级建制调整改革后，东风村村干部普遍年轻化、知识化、专业化，大多有外出打拼、商海历练等社会阅历，见多识广，有的甚至还有一定的公司、工厂等企业管理经验。这支队伍历经了基层烦琐复杂事务和急难险重问题的多重考验，有担当、肯拼搏、能干事，也能干成事。在2021年村"两委"换届中，总支部委员会原委员和书记全票当选，这支党性强、品德优的领导班子具备带领全村团结协作、走上新时代致富道路的能力与品质，赢得了全体党员和村民的信任。

图 2 主题党日活动剪影

（二）基础设施逐步完善

东风村积极争取上级和有关部门支持，通过专项项目为主、集体经济收益和村民自筹为辅的模式，大力推动村内基础设施建设。2021年，东风村进行高标准农田改造，共整理土地1 100亩，铺设灌溉管道1.5千米，建设生产道路9千米，硬化主路3千米。截至2022年，东风村共有生产道路12千米（已硬化11千米），生活道路10千米（已硬化8千米），极大地方便了村民的生产生活需要。在用能方面，村内现有变压器12台，变压器总功率1 262千瓦，通电率100%；天然气安装项目已完成路线勘探和入户走访统计，很快就能正式通气；村内沼气使用户共83户，约占在村村民的15%左右。

（三）产业基础不断夯实

近年来，东风村"一村一品"发展迅猛。过去，东风村主要以农业种植和零星养殖为主，为了充分实现富民强村，切实解决东风村没有主导产业和产业发展严重滞后的问题，村"两委"千方百计想思路、谋出路，最终确定了建场养殖肉牛的产业发展项目（图3）。2016年6月，村党支部组织党员干部40余人前往重庆市等地学习养牛经验，请教养牛大户专业技术。带着知识和技术，东风村党员干部回到家乡便一头扎进建场养牛的产业发展中，带头开始了肉牛养殖工作。

图3　村内标准化肉牛养殖场

同年12月,为了打造"大分散、小集中"的规模化肉牛养殖新格局,大力建设"一村一品",努力提升村民的肉牛养殖经济效益,不断拓宽村组肉牛销售渠道,党支部书记周远林牵头成立了裕林肉牛养殖专业合作社,该合作社以全方位服务村民养殖肉牛为目标,不仅为村民提供优质的幼牛和专业的养殖技术,而且负责收购和销售村民育肥后的肉牛,有效地形成了统一购买幼牛、统一喂养、统一销售的合作化"三统一"保障服务体系(图4)。春华秋实,4年下来,东风村在支部书记周远林和村党员干部的带领下,在"党支部+合作社+党员+大户"的"支部四+"模式带动下,先后有86户村民加入了裕林肉牛养殖专业合作社。2020—2022年,合作社年出栏肉牛基本稳定在1 000头以上,产值2 000万元左右。与此同时,在合作社的带动下,全村44户贫困户于2020年全部脱贫摘帽。特色肉牛养殖,让东风村人收获了满满的第一桶金,成了远近闻名的"牛"村。

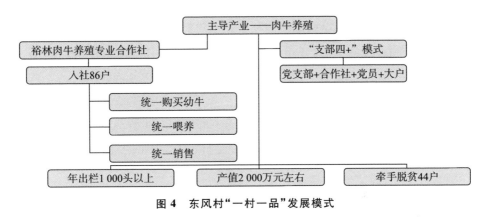

图4 东风村"一村一品"发展模式

（四）党群关系更加密切

东风村"两委"班子长期以来注重党群、干群关系,一步一个脚印带领大家一起干事创业,建立了良好的群众基础。2013年,村"两委"和村组其他干部每天起早贪黑、加班加点,仔细规划路线,努力争取项目,认真协调土地,精心组织施工,前后仅用了3个月时间就建成了东风村自己的碎石路面通村公路。虽然在修路过程中,有的村民不愿意让出自己承包的土地,有的村民要求赔偿土地上的附着物,前后大大小小的各种问题摆在村"两委"面前,但村"两委"班子毫不退缩,为了进一步消除群众误解,不仅严格落实"四议两公开一监督"制度,而且按照工程相关规定,定期公布工程账务、用料、进度等,做到笔笔明了,事事清楚。正是因为这些大量细致的群众工作,支持和拥护村"两委"的声音才越来越多,大家纷纷称赞这条通村公路修得好、修得值,真正解决了全村老少几千口人的安全出行问题。

2016年,村"两委"深度谋划东风村致富和发展的主导产业,决定建场养殖肉牛,起初仅有5户村民参与了养殖场的建设。但村"两委"并没有因此气馁,勇挑重担,一边耐心做群众工作,一边身先士卒带头建场养殖肉牛,同时成立专业合作社,一心为村民选幼牛、提供技术培训、负责保障性收购和销售等,力争从根本上解决群众的各种后顾之忧。此外,为了解决入社村民初期养殖资金严重匮乏这一问题,村"两委"通过和县畜牧水产局争取项目,确立了每建一个标准化肉牛养殖场补贴18 000元的项目支持和九牛风险基金的风险保障支持,并积极协调中国邮政储蓄银行授予东风村养殖"信用村",实现村民凡是建场养殖肉牛,均可获得200万元以内的信用贷款。东风村的肉牛养殖在村"两委"的不懈努力下,芝麻开花节节高,逐步形成了初具规模的合作化家庭农场式肉牛养殖示范园区。

东风村的党群"同心圆"是村"两委"一笔笔画出来的,是一次次历经时间考验的。良好的群众基础既是新形势下东风村把握乡村振兴战略,落实"双碳"行动的坚实后盾,也是村"两委"凝聚民心带领全村投入干事创业浪潮的坚强保障。

(五)生态资源价值逐步彰显

生态资源转变为生态资产是一个生态经济经营的过程,即对可经济开发或者保护性开发的生态资源通过一定机制体制转变为可定量的生态资产,生态资产再通过转让或者租赁等形式转变为生态资本,从而实现生态资产的保值增值。在"双碳"目标约束下,乡村社会不仅是生态型海绵社会,而且其空间边界内还承载着价值数百万亿元甚至难以计数的空间生态资源。其生态资源的稀缺性特征更加明显,生态资本升值潜力巨大,特别是在碳排放权交易全面普遍性推行后,生态资源转变为生态资产、生态资本的模式更加成熟,具备成为新动能和新增长极的巨大潜力。对于处在绿色发展转型升级窗口期的东风村,应以此为契机,活化乡村生态资源,积极借助生态资源变生态资产的转化通道机制体制,真正实现绿水青山就是金山银山。

四、面临的困境与挑战

在村"两委"班子的带领和全体村民的不懈努力下,东风村正逐步走上乡村振兴的"快车道",但新形势下如何实现生产生活方式的绿色转型、进一步提升绿色发展水平,东风村仍面临着不小的挑战。

(一)清洁能源使用有待保障

东风村天然气管线线路铺设在前期曾受到公路设计的影响,导致全村的天然气使用在很长一段时间内处于空白状态。2022年经多方协调后,天然气线路问题得以解决,但由于前期搁置时间较长,且天然气安装费对于广大村民来说仍是一笔不小的支出,所以天然气使用全村普及仍需一定的时间。

沼气是四川农村地区另一种较为普及的清洁能源,东风村目前养殖肉牛的农户普遍都安装了户用沼气。但户用沼气与大中型沼气工程相比,容易受到发酵原料减少、农户移民搬迁和老旧住宅更新改造、设施部分配件老化(图5)、后

图 5 部分沼气设施较为老旧

续维修维护投资不足等因素的影响①,其小而散的特点也不具备将农村能源和农业产业化有效连接的条件。

(二)产业发展模式有待优化

东风村目前的产业模式较为单一,主要是养殖业为主,种植业为辅,整体都较为分散,缺少龙头企业引领带动,难以形成规模效应。从种植业来看,村内农产品销售以自产自销为主,流通渠道不畅,价格受市场竞争影响较大,农户从中获得的收入不高。从养殖业来看,虽然近年来肉牛价格一直稳步上升,国内人均牛肉消费也呈增长趋势,村内肉牛养殖保持着良好的增长势头,但由于缺少资金,不能配置标准化厂房,饲养管理上仍存在较为粗放的问题(图6)。可以说每个产业纵向上仍需进一步深挖优化,横向上也亟须统筹规划,有待整合谋划后有序实现绿色循环、融合发展。

图6 部分牛舍环境有待规范

---

① 林建.乡村振兴背景下四川省农村地区绿色低碳能源利用存在的困难及对策研究[J].现代农机,2021(6):17-19.

(三) 村民生态意识有待提升

村民的生态意识受传统生活方式形成的固定思维的影响很深,虽然互联网的普及使村民拥有更多机会接触绿色发展等先进思想理念,但要从根本上改变他们的认识和价值观,还有很长一段路要走。在入户走访中笔者发现,约有73%的受访群众表示"听说过碳达峰与碳中和,但不了解具体内容",仅有14%的群众表示"听说过碳达峰与碳中和,主要与绿色发展有关"(图7)。目前,我国广大农村地区仍有部分群众没有摆脱"靠山吃山,靠水吃水"的落后思想,而且无论是生态环境保护还是推广绿色发展的活动都被视为是政府职责,村民们缺乏主动承担农村绿色发展事业的责任。今后一段时期,在"双碳"目标下如何大力提升群众自主推动农业农村绿色转型的积极性,也是一个值得关注的课题。

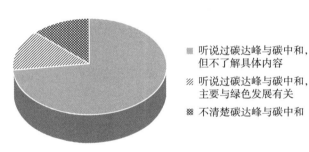

图7 东风村村民对于"双碳"目标的认知情况

(四) 基础设施建设有待查漏补缺

东风村目前人畜饮水主要依靠自备井水,其水质安全、供水能力及便利程度非常有限,有待集中供水保障饮水安全。此外,村内水厕、生活垃圾处理等人居环境问题也需要进行相应整改。

五、对策与建议

(一) 五大路径挖掘绿色东风乡村振兴新潜力

实现"双碳"目标对乡村振兴和农业农村现代化提出了新任务、新要求,而坚持绿色发展是实现这一目标的根本对策,是全面推进乡村振兴的主线任务。

绿色理念就是发展力、创新力,未来东风村将把绿色理念贯穿发展全过程,坚持问题导向,坚定不移为绿色转型做好准备、积蓄力量(图8)。

1. 夯实绿色发展基础,走生态东风之路

绿水青山就是金山银山,耕地、水等自然资源是农业生产最基本的要素,也是乡村绿色发展的核心。东风村一方面应落实严格的耕地保护制度,采取"长牙齿"的硬措施,严防死守耕地红线;全面压实耕地保护责任,加强对违规破坏耕地行为的整治,做到耕地应种尽种、"非粮化"应治尽治。另一方面应落实严格的水资源管理制度,依托高标准农田开展喷灌、滴灌等节水技术改造,加强农户用水管理,指导科学灌溉。

图8 东风村开展高粱漂浮育苗

2. 改善绿色发展环境,走环保东风之路

2015年9月21日,中共中央、国务院印发的《生态文明体制改革总体方案》曾提出:"坚持城乡环境治理体系统一,继续加强城市环境保护和工业污染防治,加大生态环境保护工作对农村地区的覆盖,建立健全农村环境治理体制机制,加大对农村污染防治设施建设和资金投入力度。"东风村将牢固树立保护环境就是保护生产力、改善环境就是发展生产力的理念,一是积极争取农村生活污水治理和资源化利用项目,力争实现与厕所粪污治理、农业绿色发展的有机衔接。二是建立健全村生活垃圾收运处置体系,适当增加管理人员,积极推行垃圾分类收运处置。三是主动开展农业面源污染治理,积极推广有机肥部分代替化肥和化肥减量增效技术,持续推进废旧农膜的回收处理。同时,通过沼气综合利用技术促进畜禽粪污转化增值,为清洁能源推广和种植业、养殖业相协调的循环型生态农业推进奠定基础。在此基础上,按照"景村融合"的路径整合乡村资源,综合规划村域建设,统筹配置文化广场等景观设施,让未来的东风成为一个环境优美、布置有序、望得见山、看得见水、记得住乡愁的美丽村庄。

3. 提升绿色发展水平,走美丽东风之路

乡村振兴的关键在于产业兴旺,因此在绿色低碳、提质增效的乡村发展战略行动中,必须牢固树立绿色化、优质化、特色化和品牌化等农业产业发展目标,积极开展"三品一标"行动做优产品。培育肉牛养殖、水稻基地、蔬菜基地等一批农产品品牌,并以此为依托,向前端联合龙头企业发展研发、育种等环节,向后端延伸储运、电商销售等环节,逐步打通产业的上中下游。同时,辅以农耕文化、生态旅游等体验场景,构建一二三产业融合发展的体系,实现经济收入增长与低碳减排融合发展模式,推动乡村振兴绿色发展。

4. 营造绿色发展氛围,走文明东风之路

绿色发展理念是引导广大农民群众从根本上转变自身思维方式的重要指导思想,要想切实转变发展模式的滞后性,发挥群众的主观能动性,就必须让这一理念深入人心。东风村将努力构建以党建为核心的自治、法治、德治"三治"相融合的乡村综合治理体系,以自治为基,以法治为本,以德治为引领,坚持文化振兴,营造绿色发展氛围。一方面定期开展村"两委"班子、全体党员关于"双碳"政策和乡村振兴等最新政策文件的学习,另一方面借助融媒体平台、文艺活动等加强宣传与推广。此外,与常态化开展的平安乡村、文明乡村建设,以及"好媳妇""好儿女""好公婆"评选相结合,树立村内绿色生产生活榜样,让全体村民厚植绿色种养理念、培养绿色生活情结,在和谐文明、绿色美丽的大家庭里将日子过得越来越红火。

5. 强化绿色发展支撑,走可持续东风之路

乡村振兴的根本在人才队伍建设,人才集聚,发展才能可持续。东风村将积极把乡村绿色低碳发展理念、低碳科技知识及生产举措纳入村民的职业培训内容中,力争培养一批具有绿色发展意识的新型农民,在实践中打造低碳技能型人才。同时,东风村将利用村集体经济的效益,出台更多吸引人才的优惠政策,尤其是一些能留得住东风村土生土长的青年才俊的好政策,积极引导相关农学专业的高职院校生回乡服务于绿色生产、资源综合利用等有针对性的领域,发挥强大的支撑作用。

(二) 四大板块拓宽绿色东风产业发展新模式

绘就乡村振兴美丽图景,需要执好乡村规划之笔。东风村若要把握关键窗口期,走出"两改"后绿色发展的新模式、新业态,便需要统筹布局、合理规划、厘清主线任务。未来的东风村,将按照"一条主线、四大板块"发展路线(图9),积极稳妥推进建设任务。

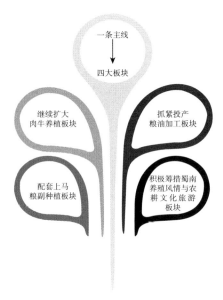

图9 "一条主线、四大板块"发展路线

1. 一条主线

2020年6月,经村"两委"和党员、群众代表共同研究,东风村决定以村集体经济为主体成立宜宾市长宁县长宁镇东风村股份经济合作联合社(现有经济实体:长宁县东稻煮粮油加工坊,图10),从事农业种植和农副产品加工、销售等一体化产业。后期,东风村结合全村开展的高标准农田建设,进一步明确了发展方向,制定了"五个一"工程(图11),即建成一个初具规模的粮油(大米、油菜籽)加工厂,建成一个配套完善的农副产品(水稻、蔬菜)种植基地,建成一个拓宽销售的电商平台,建成一个辐射县域和周边的网格化配送体系,建成一个生态文明、富有乡村气息的旅游文创窗口。该项目总投资预算为250万元,目前已完成投资50万元。项目资金构成为股份自筹50万元(其中,村集体出资29万元,占股58%),拟申请财政支持和贷款共计200万元,分五期推进工程。

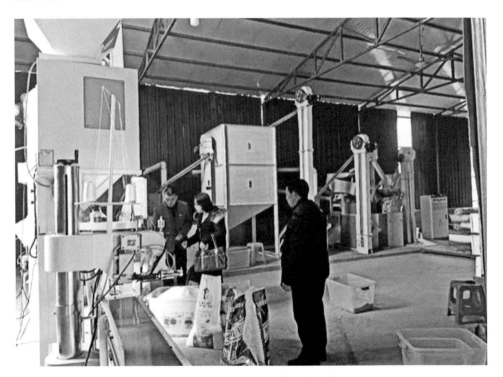

图10 长宁县东稻煮粮油加工坊

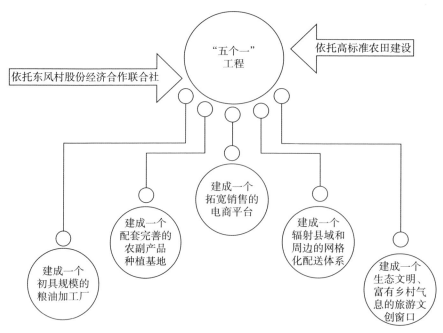

图 11 "五个一"工程建设规划

目前,项目一期(长宁县东稻煮粮油加工坊)厂房建设、设备购置、仓储建设已完成,正在依托村内自产水稻进行试运行。正式投产后,项目一期单日生产大米能力可达20吨左右,日产值39 140元,日利润8 840元;年生产能力可达6 000吨(按年有效生产300天计算),年产值1 174.2万元,年利润265.2万元,利润率29.2%(目前产值、利润均按生产普通大米计算,后续申请无公害大米,利润可在目前基础上翻番)。

项目二期,打造配套完善的农副产品种植基地。二期建成后可以满足一期生产对原料的需求,预计年生产总值1 000万元,收益800万元,户均收益1.2万元。

项目三期,建成拓宽销售的电商平台。项目四期,建成完善的区域网格配送体系。三期、四期主要是在确保一、二期顺利进行的基础上,拓宽销路并扩大50%的生产规模,相应实现产值、利润提高50%。

项目五期,着眼长远,全面提升,建成生态宜居、富有乡村气息的旅游文创窗口,将经济形式由"走出去"变为"引进来"。旅游拉动经济,文创带动产业,预计项目五期至少可以带来500万元的总产值。

2. 四大板块

（1）肉牛养殖板块——将裕林肉牛养殖专业合作社入社户数从现有的86户提升至120—150户。年出栏肉牛由现在的1 000头左右,扩大至2 000头左右。新建大型标准化养殖场2个,采用集约化、规模化、标准化养殖模式,同时与县内龙头企业竹彩公司开展合作,通过科技赋能,利用电子耳标、蹄环等实现线上线下同步管理,进一步提升肉牛品质,打造裕林肉牛品牌,积极争创省级示范园区。

（2）粮油加工板块——依托大豆、玉米带状复合种植示范点和高标准农田粮食种植等基础,做大做强长宁县东稻煮粮油加工坊,进一步规范生产间、原粮库、成品库建设标准,实现科学加工、科学储粮。

（3）粮副种植板块——严格按照绿色蔬菜标准化技术规程和绿色食品种植标准,结合土地流转承包,选择优质新品种进行统一育苗种植,利用畜禽粪污发酵后生产的有机肥打造以绿色蔬菜和无公害大米为主的"味稻东风,甜米生活"品牌。规划建设1个1 500亩左右的蔬菜种植基地,周边配套种植水稻、高粱4 000余亩。

（4）蜀南养殖风情与农耕文化旅游板块——规划建设肉牛养殖、销售、加工、餐饮、观光旅游、工艺美术等一体化"牛街"1条(图12);规划建设"真牛时刻"田园农耕文化长廊1个;规划建设集休闲娱乐与综合服务为一体的"最牛广场"1个。整个蜀南养殖风情与农耕文化相结合的文创旅游板块计划分三期完成,目前主要着手打造一期工程"牛街",初步设计包括牛雕2个、牌楼1个、观景台1个、相对集中的标准化牛舍4个、销售门店4个、加工坊2个(深加工待定)、餐饮店4个、办公协作室2个、摄影室2个、工艺美术店2个、停车场2个以及沿街创意牌匾若干个。创意牌匾,初步构思为3个篇章,即精神篇、民俗篇、网络时尚篇。精神篇,突出为民服务、无私奉献的孺子牛精神,创新发展、攻坚克难的拓荒牛精神,艰苦奋斗、吃苦耐劳的老黄牛精神。民俗篇,突出"牛气冲天""牛劲十足"等吉祥话语,以及水墨画、剪纸等形式的形象设计。网络时尚篇,突出"牛转乾坤"等时尚用语。建成后的"牛街"将与主导产业肉牛养殖有机结合,成为长宁县、宜宾市乃至周边更多地区的假日重要打卡地。

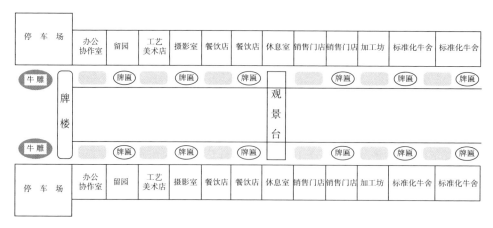

图 12 "牛街"示意图

二期拟建成"真牛时刻"田园农耕文化长廊 1 个（图 13），总长度约 2 千米，并沿种植基地修建竹木结构廊道，整体呈 S 形，主要呈现小桥流水、田野池塘等景观。长廊分设 3 个农耕文化体验区，分别为原始农业体验区，主要种植四季果蔬，养殖鸡鸭鱼等家禽，让游客体验瓜果采摘、家禽饲养等；传统农业体验区，主要种植水稻等，并准备耕牛、铁犁等，让游客体验刀耕火种式，以人力、牛力耕作为主的传统农耕；现代农业体验区，该区会准备播种机、插秧机、收割机等工具，让游客体验现代半机械化式的耕种流程。

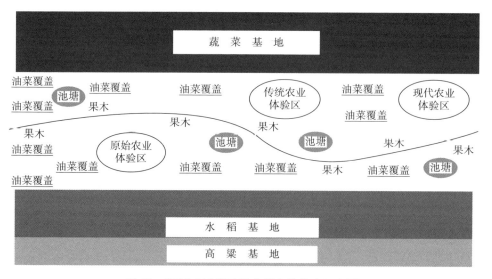

图 13 "真牛时刻"田园农耕文化长廊示意图

三期拟建成集休闲、娱乐、观光和商贸为一体的综合性"最牛广场"1个（图14）。整个广场中央将设立一个高约10米的巨型牛雕,牛雕前设景观喷泉1处,四周拟建购物区、餐饮区、健身区和休闲区等。广场总占地面积约20亩,附设停车场1处,配备充电桩等设施。

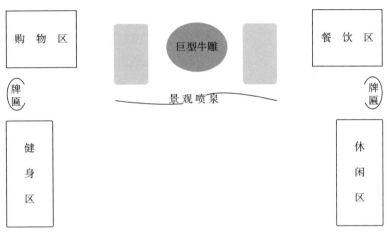

图14 "最牛广场"示意图

六、效益与前景

实现乡村全面振兴,既要"成色足",也要"底色绿"。在向第二个百年奋斗目标迈进的重要历史关口,广大乡村地区将按照农业农村"双碳"路线图和乡村振兴总体安排与部署,顽强拼搏、不懈努力,坚持"绿色+循环"发展,探索生态共融,绘出天蓝、地绿、水清的乡村壮美画卷！东风村还将按照五大路径的规划思路,陆续实施"五个一"工程和四大板块项目。以短期五年规划测算,五年后东风村预计总产值将达7 500万元,人均产值近3万元。其中,肉牛养殖产值3 000万元、"牛街"综合性产值400万元、东稻煮粮油加工坊产值1 200万元、蔬菜种植基地产值300万元、水稻高粱种植产值400万元、林木及其他零星种植养殖产值200万元、外出经商及农闲务工产值2 000万元。按照预期总产值7 500万元分析,扣除不同产业的生产成本,预计五年后,东风村人均可支配年收入有望达2.5万元,和现在可支配年收入相比增加6 000元,增幅达32%。

五大路径的规划着眼于生态产品价值的实现,兼顾了未来发展前景。生态产品是自然生态系统与人类生产共同作用所产生的、能够增进人类福祉的产品和服务,是维系人类生存发展、满足人民日益增长的优美生态环境需要的必需品。在"双碳"目标背景下,生态产品价值实现是进一步深化绿水青山就是金山银山发展理念、平衡经济发展与生态环境关系、实现农业农村绿色转型的根本途径,是提高广大农民群众福祉的重要保障。生态产品的价值实现模式主要有4类,即生态资源指标及产权交易、生态治理及价值提升、生态产业化经营以及生态补偿,目前东风村正在探索的是生态产业化经营的实现路径。

第一,依托沼气综合利用技术实现清洁生态。基于村内以家庭为单位进行肉牛养殖而建设的户用沼气,实现沼气综合利用,并在利用好沼气这一清洁能源的同时,将其与种植业、养殖业有效结合。大中型沼气工程与户用沼气相比,具备生产规范和快速流通的优势,不仅能够提升使用率,而且可以带动循环农业的发展。待村内大型规模化肉牛养殖场建成后,可将沼气项目作为整合农业、畜牧业以及农民生产的纽带,在使农场畜禽粪便得到有效治理和充分利用的同时,大大改善周边环境,减少面源污染,并最大限度地获得清洁的生活能源。

第二,借助种养循环增加生态产品。"动物—沼肥—粮经作物"是种养循环中一个比较经典的模式[①],根据目前的板块规划和经济实际,东风村将推行"粮经作物—无公害大米、绿色蔬菜(边角料用于肉牛养殖)—肉牛—零添加牛肉(粪便用于农作物种植)—粮经作物"这一绿色种养循环模式,积极打造绿色品牌。待这一模式成熟创收后,还可继续探索"循环水养鱼+稻鱼共作"模式,利用高标准农田和深水环沟等新型农业设施,让农业用水在"鱼池—环沟—稻田"中闭合循环,将养鱼产生的富营养水用于水稻种植,经稻田净化后的水再用于养殖鱼、蟹、虾等。通过不断探索新的立体种养模式来实现资源循环利用,增加生态产品,实现农业固碳增汇。

第三,创新投资机制带动农民增收。东风村将力争实现"龙头企业+合作社+基地+农户+服务"的产业经营模式,吸引农户以土地承包经营权入股,积极建立

---

① 郑盛华,陈尚洪,陈红琳,等.川东丘陵区生态循环农业发展路径研究:以四川省蓬溪县种养废弃物资源化利用模式为例[J].中国农学通报,2022,38(18):95-99.

市场主体与村集体、农户的利益联结机制。在力争上级资金和项目的同时,为了加快前期发展速度,积极探索多渠道投资方式:采取村集体贷款融资的方式集体投资建设,实现全体村民受益;采取"谁投资谁受益"的方式,鼓励有能力的村民个人或村民合伙投资;采取土地流转、资产重组的方式向外引进资金。同时,积极关注碳排放权交易体系和碳汇交易市场、平台,待相关机制成熟后,借助生态空间占补平衡和指标交易的方式使农林碳汇创收,助力产业发展和农民增收。

河北省张家口市坝上地区乡村发展的探索与研究

韩广芝

作者简介

韩广芝,河北沧州人,出生于1993年10月,北京大学软件与微电子学院2020届硕士毕业生,在校期间荣获北京大学三好学生、北京大学五四奖学金、北京大学优秀毕业生、北京市优秀毕业生等荣誉。毕业后选调至河北省,现任河北省公安厅四级主任科员。

摘　要:张家口市坝上地区气候独特,产业基础薄弱,基础设施建设不均,人口老龄化严重,乡村振兴压力大。这样的农村地区要谋发展、谋复兴,就要借鉴国内外先进经验,探索坝上地区农村发展新思路;着力培养农业人才,建设职业化农民队伍;加大农业技术投入,发展现代化农业,提高农业生产力;立足实际,把握实情,发展特色劳务产业;切实了解民众所需,多措并举提升人民生活品质,最终走出一条坝上特色的乡村发展之路。

关键词:坝上地区;农村;乡村发展;乡村振兴

河北省张家口市坝上地区冬长夏短、气候严寒、人口老龄化严重,是全省乡村振兴的重点帮扶地区,任务艰巨、责任重大。要全面推进当地乡村振兴,坚持农业农村优先发展,巩固拓展脱贫攻坚成果,就要充分掌握农村实际情况,探索新方法、研究新思路、形成新模式,切实让农村焕发新活力、提升吸引力。

一、基本情况

为掌握河北省张家口市坝上地区乡村的真实情况,笔者走访调研了尚义县戈家村、二道背村、刘面焕村、白彦堡村、大苏计村、半个碌碡村,张北县德胜村、黑土沟村、二圪塄等多个乡村,并与张家口市康保县、承德市丰宁满族自治县和围场满族蒙古族自治县等多地驻村干部进行了访谈,旨在深入了解张家口市坝上地区人口、产业等各方面的情况。在此,精选4个乡村作为代表进行介绍。

1. 尚义县戈家村——普通乡村

戈家村下辖戈家村、曹家村、常家村、郝家村4个自然村,其中曹家村、常家村、郝家村为空心村治理搬迁村。全村户籍数共425户,总人口1 039人,常年在村98户205人;全村总面积20 100亩,现有耕地3 200亩、水浇地800亩、林草地700亩。村集体收入以光伏发电为主,平均每年可收入30万元左右。

2. 张北县黑土沟村——普通乡村

黑土沟村土地总面积约3.7平方千米,有耕地3 200亩、林地1 700亩、草滩520亩,现有户籍人口190户472人,其中常住人口74户133人。村经济收入以光伏发电和仓储窖租金为主,2022年第一季度村集体经济收入为8万元,其中光伏发电收入4万元,仓储窖租金收入4万元。

3. 尚义县二道背村——旅游资源村

二道背村总面积为1.67万亩,其中耕地1 164亩、林地1.52万亩(含山坡林地1.39万亩),户籍人口96户209人,其中常住人口40户78人。二道背村生态良好、景色秀美,靠近尚义县著名的大青山国家森林公园,旅游资源丰富。冬季严寒,气温可达零下40摄氏度左右,主要种植马铃薯、胡麻、玉米等农作物,养殖产业以牛羊为主。目前村集体经济来源主要依靠光伏发电、土地出租等,每年可收入65 000余元。2022年6月,二道背村民宿项目动工,建成后旅游业收入将会增加。

4. 张北县德胜村——发展模范村

德胜村总面积为20 205亩,其中耕地5 508亩(水浇地3 100亩)、林地4 900亩、草地7 728亩。德胜村是坝上地区农村发展的模范村,集体收入主要由村级光伏电站、种薯大棚和储藏窖创造,并逐步培育艾草种植、特色采摘等新产业,还依托德胜新民居,发展乡村特色旅游,这些项目全年预计为村集体创收超过200万元。

二、坝上地区乡村发展的特点及问题

坝上地区乡村因其特殊的气候环境、地理位置,在产业、基础设施、教育、人口等多方面呈现突出特点及问题。

(一)产业基础薄弱,经济来源单一

坝上地区夏季无暑,7月平均气温为24摄氏度,寒冷、多风、干旱是该地区最明显的气候特征。目前本地乡村中90%以上的家庭主要经济来源是种植业、畜牧业、土地流转、政府补助四大类别,还有少数有青壮年劳动力的家庭主要收入是外出务工。村内的集体产业主要是光伏发电,还有些村集体有储藏窖、大棚等其他产业收入。

1. 种植业

种植业主要分为普通耕地和大棚两种方式。耕地种植的主要为马铃薯、莜麦、胡麻等作物,当地土地干旱贫瘠,亩均收入仅400元左右。有些村民会铺盖地膜,种植白菜、西兰花等蔬菜,虽然收入高于常见作物,但因当地气温较低,易发生冻害,赔损率较高。大棚最常见的是普通大棚、温室大棚两种。普通大棚成本稍低,可将种植的开始时间提前,与普通耕地相比,主要优势是可以"抢先占据市场",但因一般不具备保温设备,故若当地气温突降,普通大棚无法抵御,亏损会较为严重;温室大棚配备暖气等保温设备,抵御冻害的能力强,每年可利用时间高达10个月,可种植2—3季蔬菜水果,收益可观,但建设成本较高。相关成本可参考戈家村,戈家村的大棚于2022年9月初动工,15个大棚占地20亩,花费约300万元,平均每个的建设成本为20万元左右。大棚除种植蔬菜外,还可进行育苗,坝上地区气温较低,农户大多会直接购置各类作物的幼苗进行种植,用大棚进行育苗,销路好、收入高。

坝上地区的种植业具有一些本地特征,主要表现为土地流转较为常见,农田呈规模化经营。原因之一是坝上地区人口老龄化严重,青壮年外出务工多,村庄空置率较高,进行空心村治理后,一部分农户搬到乡镇、县城等集中安置地,他们大多会将农田流转出去。第二个原因是大部分在村的农户年龄较大,

不具备劳动能力,也会选择将农田流转出去。这两大原因导致农田大多掌握在少数种田大户的手中,有些种田大户每年租用的农田可达500亩以上。

种植业是农村地区基础的收入来源,涉及群众范围广,但目前存在一些不可忽视的问题。一是产值较低。据了解,河北省沧州市青县某村每亩作物的年产值为1 500—2 000元,但张家口地区普通作物每亩年产值仅为400元左右,产值较低,再除去投入的种子、化肥,以及播种、收割需要的费用,每年收入微乎其微。二是地膜污染严重。张家口地区因气温较低,有些作物需要铺盖地膜才能正常生长,但是大面积用过的地膜无法回收,天然降解需要的时间长,最后混在土壤内、挂在树枝上、飘在天空中,造成了严重的环境问题。三是地下水资源遭到破坏。张家口地区是典型的资源性缺水地区,2000年以来平均年降水量仅300毫米,约为全国平均水平的1/2,坝上地区水资源更为匮乏,张北、尚义、康保等县年降水量平均仅250毫米。为满足农业需要,很多乡村用地下水灌溉,农业取用地下水量约占地下水总量的85%,还有很多农民自行挖井灌溉,这给地下水资源带来了巨大压力,造成地下水位普遍下降。

2. 光伏发电

坝上地区光照时间长,太阳能资源得天独厚,年平均日照数2 799小时,年有效利用日照数1 600小时,属国家优质光伏发电资源区。目前坝上地区农村光伏发电主要有3种创收模式。一是农村光伏电站收益。德胜村光伏发电收入平均每年60万元,戈家村每年收入30万元以上,光伏发电成为村集体的主要收入来源。二是土地流转收益。修建光伏电站需要流转荒草地,会带来流转金,每年流转金约为400元/亩。三是光伏板下种植获取收益。很多新投资的光伏电站在探索"光伏+种植"的模式,考虑抬高光伏板,在光伏板下大力发展大棚或特色农业,与光伏发电形成"农光互补"的产业发展模式。目前,这一模式仍在探索阶段,大多数农村光伏板下的土地并未利用起来。

坝上地区农村光伏发电的发展呈现出两个特征。一个是覆盖范围广,扶贫成效强。光伏产业是坝上地区农村集体收入的主要来源,几乎村村都有,光伏发电收入占村集体收入的60%—70%。充分利用光照资源禀赋,进一步提高农村集体经济收入,是防止脱贫人口返贫、增加收入的重要举措。另一个是政策支持大,发展前景好。2017年光伏发电就被写入中央一号文件,2022年中央一号文件又数次提及光伏发电,不仅肯定了光伏扶贫成效,而且提出要在有条件的脱贫地区发展光伏产业,推进农村光伏发电的建设。2022年7月,张家口市印发了《张家口市分布式光伏+乡村振兴项目建设实施方案》,对村集体经济年收入5万元以下的村庄进行资源梳理和电网接入条件分析,秉持应建尽建、能建全建的原则,计划在7个县区27个乡镇建设村级分布式光伏电站166个。

但是目前光伏发电仍存在一些潜在的问题。一是光伏板占地大,维修难度高。目前坝上地区农村集体收入主要来自集中式光伏发电,该项目占地面积较大,第一批铺设的光伏板已经开始老化,维修难度高,一旦出现漏电现象,荒滩闲地发现不及时,可能会引发大面积火灾,造成较大经济损失。二是光伏发电成本高,政策依赖性强。坝上地区农村脱贫人口多,个人或村集体均不具备自建光伏电站的能力,依赖政策支持。有些村政策发展力度大、投资多,光伏板铺设面积大、收入多;有些村政策支持力度小,光伏发电收入就少,出现了光伏产业发展不均衡的现象,如德胜村光伏产业可创收60万元,黑土沟村就只能创收16万元左右。

3. 畜牧业

坝上地区地广人稀,大面积的野草地为牛羊提供了充足的食物,放养的牛羊肉质好、口感佳,没有过多膻味。村内农户养殖牛羊的比较多,有些养殖规模大,有几十上百头,有些规模小,只有一两头。养殖方式分为自己饲养或雇请羊倌、牛倌,但晚上都会赶回自家的牛羊圈内,这种各家各户分散饲养的方式,产生了一个大问题,那就是村内人居环境差。街道院内四处都是牛羊的粪便,气味大,影响村居美观,破坏人居环境。针对这一问题,有些村庄已经率先新建了集中养殖场,统一规划建设养殖单元,由村民承包,村集体提供配套服务,集中养殖牛羊等牲畜,实现牲畜统一管理、规范养殖,提升了村容村貌,改善了人居环境。

4. 其他产业

除了以上3种最为常见的产业之外,有些乡村根据本村的实际情况也在积极探索其他振兴乡村的产业。一是旅游业。如德胜村、二道背村发展起了旅游业,新建了一批特色民宿,带来了增收。但是坝上地区发展旅游业存在一个主要问题——前期投入大,资金回本慢。坝上地区的旅游旺季主要在七八月份,时间较短,同时淡季气温低,较为寒冷,且干燥、风大、防火期长,导致鲜有游客前来,淡季的空置率较高,盈利不足。二是储藏窖。有些农村尤其是张北县的农村修建了储藏窖,通过对外出租获取租金来增收,效果良好,是村集体的第二大收入来源,仅次于光伏发电。但储藏窖的建立需要结合交通便利性等多种因素综合考虑,过多修建容易过剩,导致租金降低,甚至出现大面积空置现象,不具有普及性。

(二)基础设施有待完善,生活条件仍需提升

完善农村基础设施建设是改善民生的必然要求。坝上地区基础设施落后,通过乡村振兴的各种举措,目前农村基础设施已大幅改善,但居住、用水、购物、就医等仍存在发展不均衡、不全面的问题,仍有待进一步提升。

1. 旧房改建,住房条件不断改善

坝上地区农村住房一般多由麦秸、石头、砖土等混合建成,建设成本低,加之年代较久,很多已变成危房(图1)。为了改善居住条件,结合空心村治理,有3种常见方案。一是统一修建集中安置楼房。集中安置楼房大多建在人口较多、经济发展较好的乡镇或县城,如大青沟镇的集中安置楼房容纳了周围多个乡的居民,老百姓从村里搬到镇上后买菜、看病、出行都更为方便,但远离了自己的家乡,也难以耕种土地。二是修建统一的新民居。坝上地区有些经济好的县城,拆除了破旧民居,修建了统一的新民居,样式美观,大大改善了居住环境。但笔者在调研中发现,很多居民在自家小院内围起栏杆饲养牛羊,味道大且很凌乱。三是修建互助幸福院。农村常住人口大多是空巢老人,他们不愿意离开自己生活了几十年的土地,但独自居住的方式又存在很多隐患。针对这一问题,很多农村建设了互助幸福院。互助幸福院大多采取集中居住、分户生活、院民自治、互助养老的模式,供村民免费使用(图2)。具体形式主要是在村内集中修建平房,每间房屋为30—50平方米,能满足2—3人的居住,屋内建有炕和锅台,修有配备冲水马桶和热水器的独立卫生间,每年集中供暖,无须单独烧煤生炉子,更方便老人取暖,也可以避免老人煤烟中毒。有些地方还在房屋外加

设暖阁,提升了室内温度,增大了储物空间,保证居民平稳度过严寒的冬天。幸福院改善了居住体验,但有些村的房屋数量有限,空间有限,子女回家看望父母时往往无处居住。

图 1　改建前的房屋

图 2　互助幸福院内的房间

2. 水资源短缺,用水问题需持续关注

坝上地区农村用水条件较之前有了大幅提升,大多数村可以 24 小时供应自来水,水质也达到了国家标准。但坝上地区水资源匮乏,近年来持续干旱,以安固里淖为代表的很多淖都已干涸,地下水位普遍下降,社会经济发展用水量的持续加大,使得用水问题仍较为严峻。

在调研中,笔者发现各村村情不同,有些村虽然有自来水,但一般只在用水高峰时间放水,如中午放水两小时,或者白天放水晚上十点停水,能 24 小时供水的村也常会发生停水现象,村民大多会使用水缸、水桶等工具存水。还有些村因其特殊的地理位置、生活习惯等,仍然依靠水井(图3)、山泉水生活。

图 3　水井

3. 生活用品种类少,购物依赖流动贩卖车

坝上地区乡村常住人口少,村内大多没有超市,也没有定期的集市,加之坝上地区地广人稀,很多乡村距离乡镇、县城较远,又缺乏交通工具,老人们很少离开村出去购物,购买日常需要的蔬菜水果、生活用品主要依赖流动贩卖车。

流动贩卖车在每个村出现的频率不同,可能一周一两次,也可能三四次。到村口的流动贩卖车样式基本是类似图4的小货车,包含常见的蔬菜、粮油米

面、牛奶等,但空间有限,售卖的种类也有限,仅能满足基本的生活需要。如遇连日大雪等特殊天气,贩卖车无法抵达,村民只能依靠存货生活。

图 4　流动贩卖车

4. 年轻村医短缺,医疗设施不齐全

调研发现,坝上地区的乡村一般都设有医务室,但是医疗设施、药品等不齐全,且现有村医年龄大,年轻村医短缺。村内现有村医一般每村只有 1—2 位,大多为赤脚医生,年龄大多在七八十岁,如戈家村的村医就是一位 80 多岁的赤脚医生,后备的年轻村医较少。村民看病就医一般都要去镇上的卫生院,镇上的卫生院医疗设施、药品较为齐全,医生受教育水平更高、更有经验,但是村内没有交通工具,一般依靠个人租车或村委会协调派车才能成行。

(三) 教育情况独具特色,减免政策多样

为了解坝上地区农村的教育情况,笔者走访了尚义县的石井乡小学、二工地镇中心小学、大苏计乡中心小学等,调研发现当前张家口市坝上地区的乡镇小学存在一些特有现象。

1. 乡镇小学教师数量多

相比于其他地区乡镇老师不足的情况,坝上地区乡镇小学教师数量普遍偏

多。这一现象主要是源于普通乡镇小学学生数量的逐年减少,尤其是四、五、六年级的学生,如果有机会都会选择去县城或者市区求学,因此校内基本一个年级一个班,学生数量很少,有些年级甚至仅有个位数的学生。乡里原本学生基数就小,又不断流失,导致乡镇小学学生数越来越少,出现了老师人数偏多的现象,甚至有些学校出现了教师数量大于学生数量的情况。

2. 住宿制较为普遍

坝上地区乡镇学校大多采取住宿制,学生周一到周五住校,周末回家。主要是因为学校虽然设在乡镇,但各村距离乡镇仍有一定距离,很多孩子的父母在县城或者外地打工,家里只有年迈的老人负责接送,孩子往返不便。学校采取住宿制,一方面可以解决学生往返难题,另一方面学生有了更多的学习时间,符合当地的实际情况。

3. 贫困生支持力度大

坝上地区脱贫人口多,为防止因学返贫,减少家庭的教育成本压力,确保困难家庭的学生有学可上,政府采取了多种减免政策。主要包括"两免一补",即义务教育阶段免除杂费,免费提供教科书,并给寄宿生补助一定的生活费;"三免一助",即免学费、住宿费,免费提供教科书,并提供国家助学金;雨露计划,主要面向中等、高等职业教育学生;泛海支助,主要资助应届高考大学新生。这些减免政策在各个教育阶段实现了全覆盖,支持力度大。

(四)农村地区老龄化严重,青壮年劳动力少

1. 农村人口少,老龄化严重

坝上地区农村空心化严重,大多数村庄的常住人口仅有100—200人,平均年龄达到60岁以上,如二道背村常住人口平均年龄为63岁。还有些村的平均年龄达到70—80岁,老龄化严重,且多为空巢老人,有些是老两口,有些则是一人独自生活。

2. 老年人疾病多发,劳动能力弱

为了解村内老年人身体情况,驻村工作队特邀请北京中医药大学的博士生到村内进行诊疗。在诊疗过程中我们发现,村内老年人几乎个个患病,所患疾

病主要包括高血压、冠心病、糖尿病、脑卒中、帕金森病、关节病、腰椎病等,并伴有头晕、视物模糊、食欲缺乏、心慌气短、腰膝酸软、疲倦乏力等症状。除此之外,我们还对老年人的身体情况进行了测量,结果显示大多数人都难以完成5次独立起坐,能单脚站立的人更是少之又少,普遍身体较为衰弱,劳动能力差。

3. 在村青壮年少,外出务工人员多

村里产业少,种地辛苦且收入不高,年轻人不愿意在村种地,大多选择外出务工,如去张北县、张家口市区或其他城市,寻找更好的发展机会,开阔眼界。但实际外出务工也不容易,因为他们大多学历低,只能从事临时性的体力劳动,每日早出晚归,工作没有保障,有时找不到工作,当天就没有任何收入。

三、未来的乡村发展路径

(一)对比借鉴国外农村发展经验,探索发展新理念

美国农业发达,农业人口不到总人口的3%,却养活了全国3亿人口,并且是世界上最大的粮食出口国。研究发现,美国的农业主要有3个特征。一是亩产高。联合国粮食及农业组织数据显示,2005—2014年,美国农作物平均单产水平高出世界平均水平1.5倍以上,玉米、大豆、小麦及水稻4种主要粮食作物,分别占全球产量的40%、37%、10%和1.8%。二是规模化大农场经营。美国农村的土地平整,光照充足,为大规模经营提供了坚实的自然条件。据了解,美国大多数农场的农田面积达1 000亩以上。三是机械化水平高。美国农业取得如此成就离不开农业科技的助力,农民可以通过手机实时监控农场,实现智能化浇地、无人机巡逻、机器人赶鸟等,农业设备齐全,农业机械化程度高,拖拉机、风动凿岩机、捆草机、播种机、联合收割机、农用轨道拖车等机械化设备应有尽有。

农业是立国之本,也是农民的粮食袋子,对张家口地区的村民而言,粮食的自给自足是基础保障,能满足温饱,多余的粮食又是农民的收入来源。

张家口地区的农村情况和美国相似。一是农村地广人稀,坝上地区的耕地虽不像美国中部地区那么平整,但也接连成片,而且价格低廉,最关键的是现在已呈规模化经营,很多农户手中的土地达数百亩。二是光照充足,坝上地区海

拔高,光照资源得天独厚,因此国外的经验对张家口地区的农业发展具有重要的参考价值。但是坝上地区也有自己的特殊性,如气温较低,水资源不足等,因此要立足坝上地区农村的实际情况,充分借鉴国外发展经验,形成坝上地区农村本土化发展的新理念。

(二)培育新型职业化农民,壮大农业人才队伍

在走访调研中,笔者发现坝上地区农业发展面临两大难题。一是农民老龄化严重。从事农业生产的农民大多在60岁以上,农忙季节劳动力短缺,农业劳动力兼业化、老龄化现象严重。如果仍要持续发展农业,那对应的就会产生一个忧虑:等这些人干不动了,谁来种地?二是农民学习使用先进的农业工具困难。很多农民表示"新机器按钮多,别说去操作,光看着就头大",而且机械成本高,难以购买。在推广农业技术时,年龄大的农民不愿意接受,或想学学不明白,大大限制了农业技术的推广。针对坝上地区的劳动力现状,要推进乡村振兴,大力发展职业化农民是必然选择。

第一,培养半高龄农民,打造有经验、懂技术的老年农民队伍。坝上地区农村有一批六七十岁的农民,具备几十年的种植经验,且是目前种田的主力人群,相比于80岁人群具有更强的劳动能力。针对这一人群,可以就地挖掘培养其中想学习、能学习的,通过定期专家讲堂、种田大户农业知识分享、继续教育等方式,宣传成功的种植经验、适宜的农业技术、有效规避冻害的方法。针对老龄化严重的特殊地区,可以扩大农业人才培养的年龄限制,使这些农民成为乡村农业发展的"土专家""田秀才",以更少的人力、更高的技术水平,提高农业生产效率,实现农业增收。

第二,加大农业技术教育,培养素质高、有活力的年轻农业技术员。采取多样的招录模式,扩大农业类专业人才培养,通过高等教育、职业教育、继续教育等方式培训一批年轻的农业技术员。尤其要鼓励招生政策向坝上地区农村等艰苦边远地区和基层一线倾斜,如针对艰苦边远和基层农村的考生提出"强农计划",对成绩较好的学生可以采取"降分录取+定向就业"的方式,对成绩一般的学生可采取"中职/高职教育+减免学费"的方式。针对毕业后的学生,鼓励"继续教育+减免学费"的培养方式,保障更多学生有学可上、有业可就,进一步

促进教育公平,为偏远地区农村培养、留下一批年轻人才。

第三,加大农业人才引进力度,吸引一批能力强、资历深的农业技术专家。通过人才政策引进一批农业技术专家,提升农业人才福利待遇,健全农业人才职称评定体系,建立完善的人才持续培养体系。针对高层次农业科研人员,给予农业项目、资金等多渠道、全方位的支持。通过以上方法多层次、多类型地培养一支有经验、懂技术、会经营的新型职业化农民队伍,解决农村人口结构老龄化问题,确保劳动力不断层、农业发展不断带,为农业现代化发展打下坚实的人才基础,切实促进坝上地区乡村振兴。

(三)加大农业技术投入,发展现代化农业

2022年张家口市坝上地区农村人口的平均年龄达到60岁以上,几十年后,农村现有老年人口相继去世,若青壮年人口不愿回到农村生活,农村地区空置率将进一步提升,"空心村"甚至可能演变成"无人村"。随着小乡村的衰败消亡,耕地规模化程度会进一步增强。面对这种形势,应加大农业技术投入,发展现代化农业。

第一,加强农业研究投入,研究科学的种植模式。目前,坝上地区的农民种田亩产低有两大原因。一是种植方式粗放。大多直接将化肥混着种子一起播种,而后便等待成熟直接收割。二是冻害频发。当地气候寒冷,易发生冻害,很多作物一冻就减产,甚至颗粒无收。要鼓励农业研发,探索新型种植方式。加大资金投入,鼓励科研机构、学校、企业进行资源整合共享,根据当地的土壤和气候条件,探究适宜当地的农作物,研究实用有效的播种、灌溉、施肥方法,改善现有粗放的种植方式,提高作物亩产量。要了解当地冻害情况,钻研冻害防治方法。鼓励各大高校、企业进行农业冻害防治相关项目研究,积极探索坝上农村地区防治冻害的新方法,帮助农民以更少的成本渡过难关,减少损失。

第二,采取"共享机械"模式,降低农业生产成本。目前,村内农户使用的机械仍较为落后,生产效率低,但高科技机械成本高,农民又难以负担。鉴于当地人口老龄化严重,发展现代化农业,探索机械使用新方式迫在眉睫。"共享机械"或许是一种新途径,可以鼓励农业企业或多地政府联合购置机械化设备,采取"共享机械"的模式,将机械共享给当地农户。这样做一方面农户无须购买机

械,生产成本大幅降低;另一方面新型机械化的引入可以大幅提升生产效率,进而提高作物亩产量,甚至还可能吸引一批擅长使用新型农具的年轻力量。真正实现一台机械多地共享,让更先进的机械化设备进入每家每户,提升机械化水平,节省人力物力,让更多百姓实现增收。

第三,探索"云种养"模式,打造新型智能化未来农场。农业智能化发展是未来农业的必然方向,坝上地区劳动力不足,但耕地连片,已呈规模化经营之势,发展大规模农场式农业有坚实的耕地基础。一是建设智能化农业管理系统,打造资源节约型农业发展路径。智能化的农业管理可以实现精准化作业,播种、浇水、喷药、施肥、收割的精准度更高,可以在减少土地污染的同时,有效提高生产效率,节约资源。农民无须面朝黄土背朝天,可以在家中通过先进的探测和感知设备,智能探测各类情况,快速诊断病虫害,根据作物实时情况判断是否需要肥料、水分等,远程进行科学配置,实现智能化管理。二是用户沉浸式种植,打造场景真实的"云种养"新模式。通过用户、农民、农场三项结合,减少中间环节,让作物直接到达用户手中,能进一步提高农户收入。从用户角度来看,"云种养"的模式相比开心农场、QQ农场等虚拟农场更加真实,用户可以清晰、多角度地观看自己所认养的动植物的生长、培育等过程,最后通过网上交易、农场直送的方式,不仅可以体验收获的快乐,而且绿色无公害食品吃得更加放心,可以切实提升用户的沉浸感、参与感、认同感。

(四)结合地区情况,发展特色劳务产业

坝上地区农村产业较少,年轻劳动力想要谋发展,劳务输出是一种必然选择。在产业发展受阻的现状下,可以顺势而为,发挥当地特色优势,建设劳务社区平台,做大做强劳务经济。

目前,当地获取劳务输出信息的方式仍然较为落后。以张北县为例,主要的劳务信息获取方式是在张北桥头交换需求,工人和雇主每天从凌晨3点左右就会到达张北桥头。早上6点左右,大多数人找到工作后会随雇主离开,有些人找不到活就会一直在此等待,还有一些人离开得早,干完活之后又返回此地寻找新的工作。这种获取信息的方式地域限制强、工作不确定性强、可信度也难以保障。建设劳务社区平台,可以更好地汇集信息、汇聚人力,雇佣方找人快

捷,劳工求职便利,工作保障度高,利于形成良好、规范的务工环境。

第一,劳务社区平台是劳工信息发布的集中地。雇主发布招工信息,工人发布空闲人力信息,不论是"人找活"还是"活找人",都能做到"提前安排、提前知晓",无须每日凌晨在寒风中蹲守,提升了信息发布的有效性和便捷性。第三方平台的建立可以留存、核实雇佣方的信息,帮助劳工判别真假,一旦出现问题可以快速查找,为外出务工人员提供一份安全保证,增强了劳务信息的可靠性。线上找活大大节省了务工人员早起等待、往返的时间,可以奔赴更远的县区工作,就业机会更多,每日工作更有保障,打破了地域限制。每日凌晨3点开始,数千人陆续齐聚,桥头十字路口烟头遍地,塑料袋、塑料瓶乱飞,周围秩序混乱,人居环境差,环卫工作压力大,劳务平台的出现可以恢复干净整洁、秩序井然、静谧舒适的居住环境,改善人居环境。

第二,劳务社区平台是务工人员的信息分享交流区。雇主和工人本是素未谋面的陌生人,短期的劳务关系并不会签订合同,双方存在各类隐患问题的可能性大增。在劳务信息交流社区内,务工人员可以分享相关信息,提前规避风险,提升信息的可靠性,使工作更有保障。

第三,劳务社区平台是劳务技术能力培训场。定期组织劳务专业化培训,加强对农村地区外出务工人才能力的培养。如张家口地区务工人员大多从事的是大棚种植工作,还有少部分是建筑工人,可以加强有关大棚种植、建筑等方面的知识培训,使他们从只能干杂活的普通工人转变为能从事有技术含量工作的专业工人,增强劳务工人的市场竞争力,提高工资收入。

(五)建设现代化农村,提升生活品质

第一,利用自然资源,发展适老化节能型农居。坝上地区农村现有的民居改善方式,为现代化农居建设积累了宝贵经验。发展现代化农居,要结合农村生活习惯,预置专门的安置空间。农耕、畜牧是农民几十年来的生活习惯,他们享受过年杀羊的喜悦、院内种菜自给自足的满足感。在建设现代化农居的过程中,不应盲目建设小院,应结合当地生活习惯,提前预留农具、机械化设备、柴火、家畜等的安置空间,以及种植空间,让百姓生活更便捷。结合居民身体情况,打造适老化民居。坝上地区老年人多,现代化农居建设应充分考虑老年人起坐不便、走路蹒跚、视物模糊等身体特征。在室内设计方面,增加适老化设计,如在合适位置增加扶手、调整插座位置高度等,建设让老人居住舒心、子女放心的适老化民居。充分利用自然资源,打造节能型农居。张家口地区风速较大、光照充足,风、光照等自然资源得天独厚,但是水资源匮乏。要扬长避短,充分利用好光伏发电、风力发电等,探索水资源循环使用方案,缓解水资源短缺的问题,打造美丽舒适、节水节能的现代化特色农居。

第二,鼓励多样的流动贩卖车,满足多样的生活需求。农村地区距离乡镇、县城较远,依靠单一的贩卖车难以满足生活所需,但是在每个村都建立大型超市也不符合村内现状。因地制宜,在现有流动贩卖车的基础上,鼓励扩大售卖种类,发展品类多样的流动售卖车,做到专车专卖,品种齐全,可供挑选,如日用品贩卖车、服饰贩卖车等,不局限于蔬菜粮油等生活必需品。在保证药品安全可靠的基础上,鼓励药品流动贩卖,尤其是鼓励有资质的药店带药下村,真正将商场、超市、药店搬运到百姓家门口,切实提升百姓生活品质,满足大家多样化的生活需求,共享美好生活。

第三,着力提升农村医疗水平,打造健康乡村。建立村民医疗数据库,详细记录在村常住人口的既往病史、用药情况等,对年龄大、有突发性疾病风险的人员,加大关注力度,把好健康乡村的数据关。加大村医培养力度,鼓励引入大学生村医,支持老村医"传帮带",培养有潜质的接班人,打下健康乡村的人才关。卫生院每月定期下村义诊,派专业医生到村看诊,定期监测老年人的血压等各类身体指标,做到有异常提前预防,家门口开方买药,切实守护村民健康,塑造健康乡村的专业关。

乡村教育振兴的研究与探讨

石金雨

作者简介

石金雨,河南驻马店人,出生于1993年12月,北京大学软件与微电子学院2021届硕士毕业生,在校期间获北京大学三好学生、北京大学优秀毕业生等荣誉。毕业后选调至山东省,现任山东省教育厅四级主任科员,并在山东省菏泽市郓城县丁里长街道挂职。

摘　要：党的二十大报告指出,要加快建设高质量教育体系。教育脱贫攻坚任务在2020年圆满完成,为乡村教育振兴奠定了良好开局。但乡村教育仍面临着发展主体建设度不够、发展理念有待革新、部分学校教育资源较为落后、乡土文化挖掘不够深入、教育空心化等问题。为推动乡村教育高质量发展,乡村教育振兴应厘清发展主体,针对施策,革新发展理念,多维度提升教育质量,加强乡土文化特色,实现多元协同治理促进内生发展,从而最终实现更为公平普惠、与城市教育更为融合、更加符合乡村实际、更为智慧便捷的现代化乡村教育。

关键词：乡村教育振兴；教育脱贫攻坚；乡村振兴；教育现代化

2022年,党的二十大胜利召开。[①] 新时代新征程,实现乡村教育的全面振兴,推动教育现代化高质量发展,是建设社会主义现代化、实现下一个百年奋斗目标的必然要求。在巩固拓展教育脱贫攻坚成果和乡村教育振兴有效衔接的

---

① 习近平.高举中国特色社会主义伟大旗帜　为全面建设社会主义现代化国家而团结奋斗：在中国共产党第二十次全国代表大会上的报告[M].北京：人民出版社,2022：3.

背景下①,本研究通过分析乡村教育振兴的时代意义及战略内涵,探索乡村教育振兴的发展机遇,调研并总结乡村教育的发展现状,发现并梳理乡村教育发展过程中存在的问题,探讨乡村教育振兴难点、痛点、堵点的解决策略,展望现代化乡村教育的未来发展方向,以期为全面实现乡村教育振兴提供相应借鉴和启示。

一、背景及意义

（一）实施乡村教育振兴的背景

党的十八大以来,党中央高度重视脱贫攻坚工作,通过高位引领、汇聚资源、政策倾斜,在2020年取得了脱贫攻坚的全面胜利。2021年既是"十四五"规划开局之年,也是巩固拓展脱贫攻坚成果同乡村振兴有效衔接的开局之年。②教育作为国家发展的基石,其承担的时代任务也从教育脱贫攻坚转变为教育振兴。

目前,教育脱贫攻坚阶段已圆满结束,教育发展进入全面振兴阶段。乡村教育作为教育发展事业中的短板和弱项,在加快实现教育现代化中有着举足轻重的作用。新形势下,教育发展承担着新的任务,面临着新的机遇,需要解决新的问题。

（二）实施乡村教育振兴的意义

乡村教育是中国教育至关重要的一部分,由于乡村政治、经济、文化等条件的制约,乡村教育和城市教育还存在着一定的差距,在实施乡村振兴战略和教育现代化战略的背景下,全面推动乡村教育振兴具有重要的时代意义。

1. 乡村教育振兴是全面实现教育现代化的重要举措

中共中央、国务院印发的《中国教育现代化2035》对教育现代化的总体目标进行了清晰的阐述。教育现代化的总体目标分为相互衔接递进的两大阶段。

---

① 杜尚荣,朱艳,游春蓉.从脱贫攻坚到乡村振兴:新时代乡村教育发展的机遇与挑战[J].现代教育管理,2021,5:1-8.
② 习近平.习近平谈治国理政:第四卷[M].北京:外文出版社,2022:138.

第一个阶段是到2020年,全面实现"十三五"发展目标,教育总体实力和国际影响力显著增强,劳动年龄人口平均受教育年限明显增加,教育现代化取得重要进展,为全面建成小康社会作出重要贡献。① 第二阶段是在第一阶段的发展基础上,再经过15年努力,到2035年,总体实现教育现代化,迈入教育强国行列,推动我国成为学习大国、人力资源强国和人才强国,为到本世纪中叶建成富强民主文明和谐美丽的社会主义现代化强国奠定坚实基础。这两个阶段对应的教育发展任务分别是教育脱贫攻坚和教育振兴。目前,教育脱贫攻坚任务已经在2020年圆满收官,做好教育脱贫攻坚和乡村教育振兴的有效衔接、建设教育强国是当下阶段的主要任务。因此,全面开展乡村教育振兴对于实现教育现代化具有重要的历史意义。②

2. 乡村教育振兴是提升乡村振兴内生动力的重要举措

乡村振兴是产业振兴、人才振兴、文化振兴、生态振兴、组织振兴"五位一体"的全面振兴。③ 乡村教育振兴在乡村振兴战略中具有先导性和基础性。实施乡村教育振兴不仅可以提高教育水平,而且对乡村的产业建设、人才组织、文化传承、生态保护等方面都会产生深远的影响。

乡村振兴的核心是产业振兴。在乡村农业现代化和产业升级的进程中,乡村教育起着重要的推动作用。现代化农业、产业与传统农业、产业相比,在技术手段、操作规范、工作效率上都有着更高的要求。发展乡村教育不仅可以促进高新农业技术的研发,而且可以为农村产业发展提供充足的建设人才,引进现代化农业、产业的理念,提高产业效率,促进产业振兴。

乡村振兴要靠人才,而人才的培养要靠教育。随着乡村产业结构不断升级、农业养殖技术不断革新,乡村发展需要一批懂技术、有知识、有文化的人才队伍。而这支队伍的培养,离不开乡村教育。只有真正实现乡村教育振兴,提供优质的乡村教育,才能为乡村培养人才、留住人才,有力缓解乡村人才紧缺的问题,为人才振兴提供有力支撑。

---

① 中共中央,国务院.中国教育现代化2035[EB/OL].(2019-02-23)[2022-10-21]. https://www.gov.cn/zhengce/2019-02/23/content_5367987.htm

② 李昱麒.新时期乡村教育发展路径分析[J].农村经济与科技,2021,32(23):314-316.

③ 习近平.把乡村振兴战略作为新时代"三农"工作总抓手[J].求是,2019(11):4-10..

教育具有传承乡土文化、培养塑造文化情操的重要作用，能够繁荣乡村特色文化，提升乡村村民整体的精神风貌，移风易俗、弘扬文化，有效助力乡村形成文明乡风、良好家风、淳朴民风，为文化振兴做足保障。

教育具有引导规范日常行为、培养正确观念的作用。近年来，我国不断强调要加强农村生态环境的保护和功能修复工作，而导致乡村生态环境被破坏的一个主要原因就是村民环保意识不强。过度使用农药、随意丢弃生活垃圾、焚烧秸秆、随意堆放牲畜粪便等行为加剧了环境污染。以乡村教育振兴为契机，可以通过开展系列主题教育培养村民形成保护生态环境的观念，丰富村民的生态文明基本知识，提升乡村社会的文明程度，加快乡村生态振兴进程。

乡村振兴需要一个强有力的村干部班子作为领导核心，需要一个蓬勃有朝气、团结有凝聚力的基层党组织作为建设力量。目前，部分乡村还存在着村干部文化素质不高且工作能力不强、基层党组织涣散等问题，要解决这些问题必须加强乡村组织振兴。通过乡村教育，可以提升村干部的文化素质和综合能力，培养出一批素质过硬、水平够高的乡村建设领头人。同时可以通过定期开展主题党日等主题教育，引导基层党支部形成良好的学习氛围，加强基层党建，助力乡村组织振兴。

二、战略内涵分析

教育脱贫攻坚时期的核心任务是精准脱贫、扶贫先扶智，教育振兴阶段则是全方位构建高质量教育体系。乡村教育振兴并不是另起炉灶，而是教育脱贫攻坚圆满结束后的新发展阶段。二者在部署时间上前后相继，实现目标上承接递进，发展对象基本一致，政策方针上延续对接。因此，要更好地分析乡村教育振兴的战略内涵，需要结合教育脱贫攻坚阶段的目标、任务、要求等进行对比。

教育脱贫攻坚阶段，党中央和国务院先后制定颁发了《关于实施教育扶贫工程的意见》《国家贫困地区儿童发展规划（2014—2020年）》《教育脱贫攻坚"十三五"规划》《职业教育东西协作行动计划（2016—2020年）》《深度贫困地区教育脱贫攻坚实施方案（2018—2020年）》等200多个政策文件。教育振兴阶段，党中央和国务院先后制定颁布了《中国教育现代化2035》《关于实现巩固拓展教育脱贫攻坚成果同乡村振兴有效衔接的意见》等多个文件。

通过对比两个时期的政策文件,可以发现乡村教育振兴和教育脱贫攻坚在发展目标、工作机制等方面存在着相同之处和不同之处。

(一)教育脱贫攻坚和乡村教育振兴的相同之处

一是提出目的相同,都是为了发展农村教育,提升农村建设水平,推动教育高质量发展,全面实现教育现代化。二是教育主体相同,都是针对乡村教育制定而成。三是核心理念相同,都贯彻了以人为本、教育为民的发展思想,都强调实现教育公平、缩小城乡教育差距的指导要求,都凸显了党和国家为人民谋幸福、为民族谋复兴的初心使命,都体现了为国育人、为党育才的根本宗旨。

(二)教育脱贫攻坚和乡村教育振兴的不同之处

一是主要任务有所不同。教育脱贫攻坚时期的主要任务是统筹推进"两不愁三保障",义务教育有保障、发展教育脱贫一批任务、阻断贫困代际传递。乡村教育振兴的主要任务是实现乡村教育高质量发展,发挥教育赋能乡村振兴的作用,加快实现教育现代化。二是重点工作有所不同。教育脱贫攻坚的重点工作在于建立完善的教育扶贫机制,实施教育扶贫工程项目,完善精准帮扶的学生资助体系。乡村教育振兴的重点工作是在做好预防教育返贫的基础上,培养乡村振兴人才,推动城乡教育一体化,承载和传递乡土文化,形成高质量的现代化乡村教育体系。三是工作机制不同。教育脱贫攻坚注重精准扶贫、精准脱贫,短期内积累大量优质资源,集中攻克乡村教育薄弱环节,具有短期性、突击性。乡村教育振兴更强调激发乡村内生动力,推动解决城乡教育发展不平衡的问题,具有长期性、稳定性。

三、发展机遇

(一)政策体系日益健全,为乡村教育发展提供了良好的指引和保障

乡村振兴背景下,党中央和国务院制定和公布了一系列针对乡村教育振兴的政策和文件,为乡村教育的整体发展指明了方向。党的十八大提出全面实现脱贫攻坚的发展目标,经过十年的接续奋斗,脱贫攻坚任务圆满完成。在乡村

振兴的新时代背景下,以习近平同志为核心的党中央系统梳理了教育脱贫攻坚的发展历程,总结了教育脱贫攻坚的成功经验,制定了教育高质量发展建设要求,规划了教育现代化发展体系,对于有效做好教育脱贫攻坚到教育振兴的有效衔接、发展高质量现代化教育具有重要的指导意义。①

党中央、国务院在部署乡村振兴全局工作的文件中对乡村教育发展提出了相关要求和指示。2018年,《国家乡村振兴战略规划(2018—2022年)》审议通过,规划指出要优先发展农村教育事业,提升乡村教育质量。② 2019年,中共中央、国务院印发了《中国教育现代化2035》,强调要以农村为重点提升学前教育普及水平。③ 2022年,中央一号文件《关于做好2022年全面推进乡村振兴工作的意见》指出,要多渠道加快农村普惠性学前教育资源建设,扎实推进城乡学校共同体建设。④

教育部立足教育系统全局,制定了更为明晰和具体的意见和措施。2021年教育部等四部门印发《关于实现巩固拓展教育脱贫攻坚成果同乡村振兴有效衔接的意见》,指出要进一步巩固拓展教育脱贫攻坚成果,促进振兴乡村教育和教育振兴乡村的良性循环。⑤ 教育部在2022年乡村振兴工作领导小组会暨乡村振兴工作推进会上明确提出,把乡村教育融入乡村建设行动,更好发挥农村中小学的教育中心、文化中心作用。⑥

---

① 赵朝峰.实现中华民族伟大复兴是中国共产党百年历史的主题[J].高校马克思主义理论研究,2021,7(3):19-25.
② 中共中央,国务院.乡村振兴战略规划(2018—2022年)[EB/OL].(2018-09-26)[2022-10-21].https://www.gov.cn/zhengce/2018-09/26/content_5325534.htm
③ 中共中央,国务院.中国教育现代化2035[EB/OL].(2019-02-23)[2022-10-21].https://www.gov.cn/zhengce/2019-02/23/content_5367987.htm
④ 中共中央,国务院.关于做好2022年全面推进乡村振兴重点工作的意见[EB/OL].(2022-02-22)[2022-10-21].https://www.gov.cn/zhengce/2022-02/22/content_5675035.htm
⑤ 教育部,国家发展改革委,财政部,等.关于实现巩固拓展教育脱贫攻坚成果同乡村振兴有效衔接的意见[EB/OL].(2021-05-07)[2022-10-21].http://www.moe.gov.cn/srcsite/A03/s7050/202105/t20210514_531434.html
⑥ 教育部.持续提升教育服务乡村振兴能力水平:教育部召开2022年教育部乡村振兴工作领导小组会暨乡村振兴工作推进会[EB/OL].(2022-09-30)[2022-10-21].http://www.moe.gov.cn/jyb_xwfb/xw_zt/moe_357/jjyzt_2022/2022_zt04/dongtai/lingdao/202209/t20220930_666162.html

（二）教育脱贫攻坚为教育振兴奠定了良好基础

教育脱贫攻坚是脱贫攻坚战略中的重要一环。教育脱贫攻坚采取了"精准扶贫、精准脱贫"的策略，在短期内汇聚优势资源，集中攻克了乡村教育的难点、痛点、堵点，增加了教育经费投入，完善了教育资助体系，改善了乡村教学基础设施，创建了教育资源共享平台，降低了学龄儿童失学率，为乡村教育振兴奠定了良好开局。

教育脱贫攻坚积攒的成功经验为乡村教育振兴提供了宝贵的参考与借鉴。党的十八大以来，在实施教育脱贫攻坚的过程中，政府主导、社会力量广泛参与，多方协调共同发力的攻坚机制取得了巨大的成功。这种发展模式放在乡村教育振兴阶段依旧适用。

（三）乡村振兴的全面实施为乡村教育振兴创造了支持环境

教育的发展程度与当地的发展水平紧密相连。当地的发展程度决定了当地教育的发展上限和当地对教育人才的培养力度，制约着教育发展的规格、速度。因此，发展乡村教育需要一个强有力的乡村环境作为支撑。实施乡村振兴战略能够最大限度地提升乡村的政治、经济、文化、资源等水平，帮助乡村尽快实现高速发展，为乡村教育振兴提供一个良好的支持环境。在乡村振兴背景下谋求教育发展，能够充分调动政府、社会、市场等多方力量，集结优势资源和各领域人才开拓乡村教育振兴新格局，形成工作合力，助力乡村教育振兴快速发展。

四、发展现状

（一）乡村教育发展现状调研

党的十八大以来，在党中央的高度重视下，我国教育水平不断提高，教育普及面不断扩大，乡村教育更是取得了众多成就。在义务教育全面普及的基础上，全国 2 895 个县全部实现义务教育基本均衡，成为又一个新的里程碑。[1] 贫

---

[1] 宋新雨."数"看党的十八大以来基础教育改革发展成就[J].人民教育,2022(19):6-7.

困学生资助体系更加健全,实现了所有学段、所有学校、所有贫困家庭学生的全覆盖,十年间累计资助贫困学生近13亿人。对进城务工人员随迁子女的教育保障更加充分,政策制定更加惠民,2021年义务教育阶段进城务工人员随迁子女总规模达到1 372.4万人,其中在公办学校就读并享受政府购买民办学校学位服务的比例达到了90.9%。中西部地区教育情况进一步改善,在国家实施的支持中西部协作计划的支持下,中西部地区获得了更多的专项招生名额。农村地区的孩子上学的渠道也进一步得到了拓宽,多项针对国家贫困地区和脱贫地区的专项招生计划成果显著,累计通过专项计划录取到重点高校的人数达到95万人。农村地区的教育民生有了很大改善,多个农村地区的学校推行了营养配餐、营养午餐等措施,学生在校就餐的饮食情况得到了很大提升,营养状况有了改善,身体素质也随之提升。职业教育发展势头更加强劲,2021年中等职业教育招生488.99万人,同比增长0.90%;2021年高等职业学校共计1 486所,比2020年增加了18所。

(二) 群众对乡村教育发展的相关意见建议

为掌握群众对于乡村教育发展现状及教育振兴工作开展的意见建议,我们在山东省菏泽市郓城县开展了全县范围内的教育发展情况问卷调研。在与郓城县教育体育局座谈、实地考察调研郓城县部分学校、参考经典调研问卷①的基础上,将教师、家长、学生作为调查对象设计了问卷。问卷设计后,就问卷内容、涉及问题与相关领域专家进行了探讨,征求其意见并对问卷进行了论证和调整。问卷采取网上调查的方式,分为教师问卷、家长问卷、学生问卷3种类型,调查对象为郓城县各乡镇中心校、中学、县直学校、民办学校、职业学校的教师、家长和学生。调研于2022年4月6日10:00—2022年4月8日24:00开展,共收回教师有效问卷10 543份、家长有效问卷128 059份、学生有效问卷133 546份,累计收回有效问卷272 148份。对问卷进行分析整理后,选取部分整理结果如下。

---

① 魏风云.乡村教育振兴研究[M].北京:人民出版社,2020:215-225.

1. 教师部分

关于城市教育和乡村教育的主要差距(多选题),收回的教师有效问卷中有8 881名教师认为在于家庭教育环境不同,占比84.24%;6 912名教师认为在于生源质量不同,占比65.56%;5 625名教师认为在于师资配置不同,占比53.35%;4 768名教师认为在于学校领导的教育理念不同,占比45.22%;4 361名教师认为在于教学设施不同,占比41.36%;3 968名教师认为在于校园文化不同,占比37.64%;3 243名教师认为在于课外活动不同,占比30.76%;2 459名教师认为在于政府支持度不同,占比23.32%;还有115名教师认为在于未来的发展趋势等方面,占比1.09%(图1)。可以看出,过半数的教师认为家庭教育环境、生源质量、师资配置是城市教育和乡村教育的主要差距。

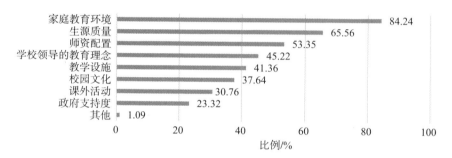

图1 城市教育与乡村教育的主要差距结果统计

关于地方政府应该从哪些方面加强乡村教育发展(多选题),收回的教师有效问卷中有7 991名教师认为应当在政策上倾斜,占比75.79%;有7 544名教师认为应当加强师资队伍建设,占比71.55%;有7 023名教师认为应当完善学校设施,占比66.61%;6 891名教师认为应当加大教育经费投入,占比65.36%;5 534名教师认为应当提高学校领导的教育管理水平,占比52.49%;4 258名教师认为应当加快教育信息化建设,占比40.39%;3 020名教师认为应当实现优质教育资源共享,占比28.64%;还有94名教师认为应当减少教师的行政事务、让教师专注教学,重视学前教育,开设兴趣特长类课程等,占比0.89%(图2)。从统计结果可以看出,超过半数的教师认为政府应当制定更有针对性的政策改善教育质量、采取措施建设师资队伍、完善学校硬件设施、加大经费投入、提高学校领导的管理水平,这些情况也与现阶段教育发展现状基本吻合。

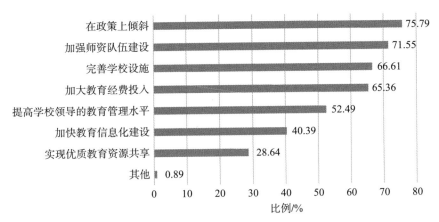

图 2 政府加强教育发展可采取措施的结果统计

2. 家长部分

关于需要多久的发展才能实现乡村教育振兴的目标,43 985 名家长认为 3 年以内可以实现,占比 34.35%;48 858 名家长认为 3—5 年内可以实现,占比 38.15%;21 142 名家长认为 6—10 年内可以实现,占比 16.51%;14 074 名家长认为 10 年以上才可以实现,占比 10.99%(图 3)。从统计结果可以看出,超过半数的家长认为乡村教育振兴是一个中长期的发展过程,同时有 1/3 的家长认为可以在短期内实现乡村教育振兴。

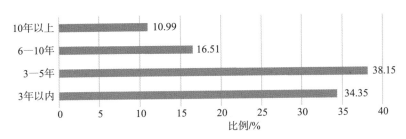

图 3 家长对实现乡村教育振兴时长预期的结果统计

3. 学生部分

关于更想去哪种学校就读的问题,65 944 名学生表示更希望去城市学校就读,占比 49.38%;47 995 名学生表示去城市学校和乡村学校就读都可以,占比 35.94%;19 607 名学生表示更希望去乡村学校就读,占比 14.68%(图 4)。从统计结果可以看出,仅有 14.68% 的学生更希望去乡村学校就读,乡村学校在学生中的认可度目前还远低于城市学校。

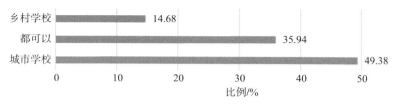

图 4　学生更想去就读的学校类型结果统计

五、问题分析

近几年由于党和国家对教育发展的高度重视,乡村教育基础条件有了很大改观。然而对比乡村教育振兴的目标和乡村教育发展现状,并结合在郓城县开展的教育调研、走访、座谈情况,我们发现当前的乡村教育还存在一些有待改进和提升的地方。

(一)乡村教育的发展主体建设度不够

联合国教科文组织秘书处认为,乡村教育主要包括农村地区的基础教育、职业技术教育和成人教育。[①] 李洪君[②]等学者认为农村教育不应仅局限于农村地区,农村教育应该是以基础教育、职业技术教育、成人继续教育所组成的为农村发展服务的综合性体系。综合来看,乡村教育以基础教育、职业教育、成人教育三个部分为发展主体。不同于城市教育,乡村教育的发展主体应更加贴合乡村实际,满足乡村人才培养的需要,服务乡村建设。目前来看,乡村教育尚未找到符合自身定位的发展方向,对于发展主体的建设度还不够,乡村教育还不能为乡村教育振兴培养足够的人才。在当前的乡村教育中,基础教育未办出乡村特色,对成人教育的重视度不够,职业教育虽然近年来逐渐受到重视,但整体的发展仍然滞后,无法在乡村教育振兴中发挥出应有的作用。

(二)乡村教育的发展理念有待革新

乡村教育的评价指标和评价体系未能完全达到政策要求。乡村教育在脱

---

① 许璟,卢曼萍.农村职业教育的内涵、特征及战略定位研究[J].科技经济市场,2008(12):88-90.
② 李洪君,张小莉."新农村"视野中的农村教育及其政策选择[J].党政干部学刊,2006(5):28-30.

贫攻坚时期更注重辍学率、升学率、新建学校数量等硬性指标,这种指标设定虽然有利于短期提速,但是长期过于向这些指标倾斜的话,会导致教育变成一种"升学式"教育。为此,教育部、中共中央组织部等六部门在 2021 年联合印发了《义务教育质量评价指南》,从县域、学校、学生三个层面重新构建了教育质量评价指标。从对郓城县部分乡村学校的调研中发现,还有学校依然保留着教育脱贫攻坚时期的"指标惯性",过于注重学生学业成绩、升学考试成绩的提高,而忽视了学生心理健康、道德品质、人文修养等综合素质的锻造和提升;也有部分学校虽然依据文件要求调整了学校的评价指标和体系,但过于生搬硬套,没有根据学校的实际情况进行适当调整。乡村教育建立起适合当下环境的评价指标及体系的任务依旧任重道远。

乡村教育的发展模式还存在一定程度的盲从现象。在城乡一体化背景下,乡村教育发展难免会向发展更优的城市教育借鉴学习,这本身是没有问题的。但乡村教育不应盲目跟从城市教育,沦为城市教育的复制品。一味全盘照搬城市教育,会导致设置的课程不接地气,脱离乡村实际生活,降低教学质量,减弱学生对教学内容的认同度。

(三)部分乡村学校的教育资源较为薄弱

党的十八大制定了脱贫攻坚的政策要求,经过 10 年的建设,教育事业整体发展良好,学校的教学条件得到了很大改善,但仍存在一些教育资源薄弱的乡村学校。

1. 教学基础设施还较为落后

北方地区学校的取暖问题还未得到妥善解决。以甘肃省为例,甘肃省人大常委会在 2020 年对全省贫困县乡镇寄宿学校的冬季供暖情况进行了调研①,报告显示,供暖工程的资金缺口较大,供暖设备还有待改善。郓城县的乡村学校虽然配置了空调、电暖器等设施,但这些设施有的过于老旧,有的因为电压原因,取暖效果并不理想。部分学校提出安装电暖气的需求,但由于城区暖气主

---

① 史百战.省人大常委会调研组关于全省贫困县乡镇寄宿制学校冬季供暖情况的调研报告[EB/OL].(2020-12-02)[2022-10-21]. http://rdgb.gsrdw.gov.cn/2021/236_1203/2816.html

管道距离学校较远,暖气增容费的问题难以得到解决。

还有一些学校的信息化设施老旧。在郓城县实地走访考察的12所乡村学校中,均存在不同程度的教学设施问题,如讲课用的电子白板故障率高、机房配置已无法满足教学要求、计算机数量不足等,有些机房甚至未接入网线。此外,还存在计算机普及率低,兼任的信息老师水平有限,未对机房计算机进行更新系统、升级软件等维护的问题,学生多数只会开关机等基本操作,很难真正学习到计算机的相关知识。

2. 师资力量还较为薄弱

部分乡村学校体音美等专职教师缺乏。教育部在《2019年全国义务教育均衡发展督导评估工作报告》中指出,在35个基本均衡实地核查县中,有25个县存在不同程度的体音美专职教师空缺情况,空缺数量高达2 095名,并且这一问题在农村学校表现得更为突出。[①] 乡村学校的体音美教师多由语数英等主课教师兼任,这些兼任老师通常是临时学习相关知识,再传授给学生,专业性有所欠缺,长此以往不利于学生综合素质的培养。部分学校在学生心理疏导、思政教育上重视度不够,未配置专职心理辅导教师、思政教师,这方面还需要加大工作力度。

部分乡村学校的管理层管理水平有待加强。郓城县调查问卷的统计结果显示,52.49%的乡村教师认为学校管理层需要提高教育管理水平。在与部分学校领导及教师交流后,发现部分学校领导存在办学理念较为落后、对新的教育发展政策不了解、对学校发展定位模糊、科学管理行政事务的能力较为欠缺、用于学校管理的时间有限等问题。学校管理层作为学校发展方向的引领者、教学事务的管理者、建设蓝图的规划者,其教学理念和管理水平对于推动学校发展具有重要作用。目前来看,乡村学校领导层还存在着许多需要提升改进的方面。

乡村教师年龄结构不合理。郓城县调查问卷的统计结果显示,45岁以上的乡村教师占比为41.1%,35岁以下的乡村教师占比仅为27.94%。从数据可以

---

① 教育部.2019年全国义务教育均衡发展督导评估工作报告[EB/OL].(2020-05-19)[2022-10-21].http://www.moe.gov.cn/fbh/live/2020/51997/sfcl/202005/t20200519_456057.html

看出,乡村教师老龄化现象较为严重,年轻教师相对不足。老教师虽然教学经验更为丰富、对本地教育的掌握情况更为充分,但是在体力精力、教学新理念、科技新知识、学习能力等方面都相对薄弱,大多无法为乡村学生带来新的教学体验。

乡村教师依然存在"留不住""不愿教"等问题。郓城县调查问卷的统计结果显示,36.87%的乡村在编教师希望能够有机会调去城市任教,其中35岁以下的年轻教师占比79.47%。由于乡村社会整体发展上与城市还存在较大差距,再加上待遇、生活条件等方面的因素,乡村教师岗的吸引力并不大,尤其是对于一些年轻的优秀教师,他们可选择的空间更大,来乡村长期任教的意愿并不强烈。

3. 教学辅助资源较为匮乏

乡村教师外出培训或者去名校参观学习的渠道不多。郓城县调查问卷的统计结果显示,50.76%的乡村教师表示基本没进行过校外培训或外出交流,28.89%的乡村教师表示1年能参加1次校外培训或外出交流,16.23%的乡村教师表示1年能参加2—3次校外培训或外出交流,仅4.12%的乡村教师表示1年能参加3次以上外出培训或外出交流。由于资源条件的制约,乡村教师外出培训、学习或者提高自己教学本领的途径相对较少。虽然国家通过搭建继续教育平台,以网课的形式对教师进行继续培训,但是网课无法完全替代实地调研学习,实地参访学习、与名师面对面交流往往能给教师带来更多的教学启发。

由于乡村条件的限制,很少有科学馆、文化馆、历史博物馆等拓宽视野、增长课外知识的场所。2022年时任科技部副部长李萌在国务院新闻办公室发布会上表示,目前全国的科技类场馆数量远低于公众的实际需求,且场馆类型及展出内容较为单一。① 这一问题在乡村体现得更为明显。乡村学校的课外实践活动相对较少,学生增长见识、提升自我能力的渠道与城市学生相比更为欠缺。

乡村家庭的家庭教育相对薄弱。根据郓城县调研问卷的统计结果,乡村家庭中只有4.8%的家长学历在大学及以上,相较而言城市家庭中有15.5%的家

---

① 国务院新闻办公室.国新办举行新时代加强科学技术普及工作有关情况发布会[EB/OL].(2022-09-08)[2022-10-21]. http://kw.beijing.gov.cn/art/2022/9/8/art_8670_634708.html

长学历在大学及以上。乡村学生的父母相比于城市学生的父母在学历、知识、教育理念上都相对欠缺,因此在家庭教育中能够给予孩子的帮助也较为有限。部分隔代家庭、单亲家庭、重组家庭等更是无法为学生提供优质的家庭教育资源。

(四)乡土文化挖掘得不够深入

乡村教育的"离土化"现象明显。根据郓城县调研问卷的统计结果,69.16%的乡村教师认为学校教学内容基本没有涉地方文化,16.17%的乡村教师认为学校偶尔开设一两节文化体验课,12.17%的乡村教师认为学校专门开设了文化课程,2.5%的乡村教师认为学校不光开设了文化课程,还有自己的文化教本。数据显示,大部分学校没有将特色乡土文化融入日常教学中,无法发挥出乡村教育的乡土优势。乡土性是乡村最大的特点,乡土文化也是乡村教育最大的特色。然而近年来,乡村教育不如城市教育的观念甚嚣尘上,引发乡村教育盲目参考城市教育进行改革,导致乡村教育逐渐丧失了特色文化符号。这也导致一种奇怪的现象,就是这些乡村学校虽然建在乡村,但在文化上、精神上与乡村没有联系,传道授业间也失去了乡土印记,与乡村的发展渐行渐远。在这样的教学环境下,必将导致学生与乡村的疏离,影响乡村教育的良性发展。

此外,教师中的"离土"现象也加剧了乡村教育中乡土文化的缺失。近年来,为了缓解乡村师资薄弱的问题,国家制定了免费师范生到村任教、名师和大学生到乡村短期支教等政策,这些教师虽然教学水平较高,但是缺乏对当地乡土文化的熟悉度和认可度。相较而言,这些教师更认可城市文化,甚至部分教师在日常讲课中会有意或无意间向学生传输"城市优越论",导致乡土教育中乡村文化的进一步缺失。

(五)教育空心化现象依然严峻

教育空心化是乡村空心化在教育方面的体现,而教育空心化最主要的体现就是生源空心化。2022年教育部教育督导局局长田祖荫在教育部新闻发布会上指出,当前一些地方的乡村学校生源大幅减少,"乡村空、城镇挤"的教学矛盾较为突出。① 城乡一体化背景下,农村青壮年劳动力大量流入城市,大批量的农村学龄儿童跟随他们的父母迁入城市入学,导致农村学校的生源大量减少。乡村学校的教学设备等硬件条件和师资力量等软件条件与城市学校都还有较大差距,家长更愿意将子女送到城市上学,也会造成乡村学校生源的减少。生源的减少又会导致乡村学校的发展更加困难,与城市学校的差距进一步拉大,从而使得乡村的家长更加不愿意送子女去乡村学校上学,生源进一步减少。长此以往,形成恶性循环,会导致乡村教育的发展陷入越来越大的困境。

六、解决策略

(一) 厘清主体、针对施策

乡村教育的建设主体和城市教育的建设主体有所区别,针对乡村教育的主体,可以打造乡村基础教育、职业教育、继续教育"三教融通,系统共建"的发展模式。②

乡村基础教育应加强师资建设、提高办学水平,切实推动办好农村义务教育。继续完善乡村教育资助管理体系,巩固教育脱贫攻坚成果。补齐乡村基础教育短板,发掘乡村基础教育优势,留住乡村生源,恢复乡村教育活力。

乡村职业学院应改进学校发展理念,树立现代职业教育观念,厘清自身办学条件及办学定位,结合当地乡村"三农"发展的客观需求设置专业,在课程设计中体现出地方特色和地方优势,在教学内容和方式上紧密结合乡村生产和生活实际,重视实践技能的培养。乡村职业学院要加强专业优势、技术实力和研发能力,提升在乡村农业技术改进中的推动作用,带动当地农业技术的进步。同时也要注重发挥职业教育的辐射作用,可通过组织技能扎实的师生到当地的科技产业园、农业示范基地等场所开设新技术示范讲座等,通过现场演示对广大工人和农民进行技术指导、使用培训,将最新的农业研发成果和改良技术推广普及到乡村群众中。

---

① 教育部.教育部举行"教育这十年""1+1"系列发布会(第五场)[EB/OL].(2022-06-01)[2022-10-21].http://www.moe.gov.cn/fbh/live/2022/54598/twwd/202206/t20220621_639310.html
② 戴妍,王奕迪.中国乡村教育振兴的未来图景及其实现:基于百年乡村教育发展连续统的视角[J].西南大学学报(社会科学版),2022,48(3):157-170.

目前我国尚未制定专门针对成人教育的法律,仅在国务院和教育部的各项规章条例中有所提及,且相对宏观,没有提出具体清晰的管理方式和建设要求,且全国不同区域之间成人教育的发展还存在较大差距。相关立法部门或行政机关应进一步制定法规或政策,明晰成人教育的相关规定和要求。同时,政府和社会也要更新成人教育观念,加大经费、资源的投入力度,建立健全成人教育体制机制,构建系统全面的成人教育体系。

(二)做好目标衔接,革新教育理念,特色化、精准化发展乡村教育

2021年,我国乡村发展的目标由脱贫攻坚转向乡村振兴,现阶段的主要任务是做好脱贫攻坚和乡村振兴的有效衔接。① 随着发展目标的转变,乡村教育的评价体系、发展模式也需要做出相应调整。

乡村地区的教育主管部门和学校要充分理解贯彻《义务教育质量评价指南》,结合本地教育发展实际,尽快建立科学有效的教育评价体系及评价机制,坚持正确方向、育人为本、问题导向、以评促建,破除"唯分数论"的教育观,强化评价结果应用,培养德智体美劳全面发展的新时代学生。同时,各级教育主管部门要做好责任监督,市级教育主管部门要针对县、校自评结果进行复核,省级教育主管部门要做出相应评价,教育部应建立督导专班进行抽查,及时掌握相关情况,做好反馈工作,帮助乡村教育建立行之有效的评价体系及机制。

乡村振兴对于教育发展提出了更高的要求,同质化的教育发展方法已无法适应要求,各个地区必须因地制宜制定精准恰当、各具特色的教育发展模式,既要保证乡村教育发展的本土特色和地方政府制定政策的针对性、有效性,又要保证教育发展的长效性、稳定性。地方教育主管部门要在贯彻执行中央及上级单位政策要求和指示精神的基础上,结合乡村的实际环境和本土特点,坚持"对症下药,靶向治疗"的原则开展本地教育振兴工作,避免盲从跟风导致的"水土不服"和"离土化"。应充分结合农村特色,为本地乡村教育振兴量身施策、长远规划,不断提升乡村教育的发展水平,打造乡村教育振兴的工作亮点,特色化、精准化发展乡村教育。

---

① 高毅梅.乡村振兴与农村教育扶贫的耦合[J].农业与技术,2022,42(7):165-167.

（三）多维度持续提升教育基础设施水平和教学质量

目前,我国已经实现教育普及,但是教育发展还存在不均衡的情况,乡村教育和城市教育还存在一定差距。追求教育均衡发展、提升教育质量是当前和今后阶段乡村教育振兴的主要发展目标。

政府应继续投入资金,提升乡村学校的基础设施建设水平,改善乡村学校的薄弱办学条件,同时可争取企业、基金会等社会力量的支持,尽快从根源上解决北方地区乡村学校的取暖等突出问题。加快教育信息化的进程,完善信息化硬件设施,建立名师优课的资源共享平台,实现优质课程资源的共享,着力建设乡村智慧校园,缩小区域、城乡、校际的教育差距。

加强乡村学校的内部建设,提高学校党建水平,全面落实党领导下的校长负责制,加强制度建设,制定科学的管理章程。稳步提升乡村教师的待遇,在政策上向乡村教师适度倾斜,采取多种措施引入年轻教师、体音美专职教师、思政教师,组建一支高质量的教师队伍。创新教学模式,加强师德师风建设,激发教师扎根乡村的主观意愿和内生动力。定期组织教师进行教学技能培训及外出参观学习,提升教师的业务素质和工作能力,同时要提高培训质量,避免培训流于形式。

当地政府应当重视乡村科技馆、文化馆、图书馆等乡村学习场所的建设,配齐图书、报刊、影音等学习资源,组建一支管理日常学习活动的志愿者队伍,规范科技馆、文化馆、图书馆等场所的日常管理。通过组织文化活动、发放奖品等激励措施鼓励乡村群众主动学习,创造良好的学习氛围。乡村学校可采取多种灵活措施帮助家长树立正确的家庭教育观,可通过组织教师定期家访、定期召开家长座谈会、问卷调研、日常交流等方式及时掌握家长对孩子教育的想法和关注度,邀请教育专家定期开展讲座为家长传递正确、科学的家庭教育观念。

（四）加强乡土教育特色,打造乡村教育亮点

乡村教育是拥有自己丰富内涵、特色文化、独特价值的独立教育类型,不应该成为城市教育的复制品。城市教育和乡村教育应该是互相借鉴、相互融合的共生状态。

乡村教育振兴应当做到充分挖掘本地乡土文化特色,增强文化自信,结合农村特色打造真正适应本土的乡村教育,提升乡村的文化"向心力"。培养一批乡土文化教师,乡村学校多数拥有一些本地老教师,这些老教师对于本土文化有较为深厚的理解,是传承和弘扬本地文化的重要力量。政府或学校可根据实际制定以本地特色乡土文化为主体的教材,打造校园特色文化。定期邀请本地乡村艺人和文化传承人走进校园开展文化体验课,引导学生对乡土文化产生兴趣。加强乡村学校和乡村文化单位、文化站之间的联系与互动,组织学生前往这些单位开展文化实践活动。

(五)多元协同治理,保障治理模式,实现生源回流

教育空心化的成因涉及很多方面,具体的对症治理也涉及很多方面。但从本质上来说,这些成因归结起来就是乡村教育较为落后,这些治理方案归结起来就是要全面实现乡村教育振兴。全面实现乡村教育振兴,全方位提升乡村教学质量,自然就可以吸引更多的乡村生源,从而解决乡村教育空心化的复杂问题。当前形势下,实现乡村教育振兴最关键的就是建立起一套科学的治理模式。

随着经济社会的不断发展和城乡一体化的持续推进,乡村教育振兴面临的问题越来越有挑战性,涉及的对象逐渐多元化,需要解决的关系也越来越错综复杂。乡村教育振兴不应该仅是乡村地区的事情,也不应该仅是教育系统的事情,需要全党全社会共同参与和支持。协同多元治理是促进乡村教育走向善治,实现乡村教育高质量发展的重要举措。新形势下,乡村教育需要建立一种由政府主导,深度激发社会主体活力、有效参与乡村治理的综合治理模式。通过多元主体联合发力,高效达成乡村教育振兴的目标。政府在制定政策时可以召开由政策受众、相关方、领域专家等共同参与的论证会,广泛征求各方意见,既要保障政策制定的合法有效性,也要保障政策制定过程中的民主性和科学性,应当考虑不同领域、不同层面的问题,综合施策,确保政策制度的出台符合教育事业发展的需要。

七、未来展望

百年大计,教育为本。建党以来的百余年岁月中,党和国家始终将教育发展放在重要的战略位置。乡村教育发展经过多次探索与实践,取得了教育脱贫攻坚的伟大胜利。在坚持新时代中国特色社会主义办学的宗旨下,乡村教育的办学水平和办学质量必将不断提升,在教育公平、融合发展、体系化建设、智慧校园等方面都将取得更大的发展成果。

(一) 更加公平普惠的全民教育

目前我国已经基本实现义务教育阶段全覆盖,但是对于我国这样一个教育大国而言,实现更加公平、更加普惠的全民教育势在必行。在以后的发展中,乡村获得教育资源的渠道将更为广泛,获得的教育资源将更为丰富,乡村的学习氛围也将更为浓郁,每个村民都能享受到公平的教育机会和丰富的教育资源,真正实现全民学习、终身学习。

(二) 更适应城乡一体化的融合教育

加快推进城乡一体化,建立新型城乡教育关系,是乡村教育振兴的必由之路,也是解决城乡教育发展不均衡的现实需要。在以后的发展中,乡村教育和城市教育能够优势互补、各具特色、融合发展,乡村教育不再是弱势教育的代名词,而成为真正能够适应乡村发展、传递乡村文化、丰富乡村时代内涵的教育。①

(三) 更符合乡村建设需要的体系化教育

乡村教育在今后的发展方向上应更加向与乡村发展相匹配的方向倾斜,为乡村建设培养优质人才。在以后的发展中,乡村基础教育的保障工作将更为扎实,学前教育和义务教育真正实现全覆盖,不光满足乡村教育"有学上"的需求,更要满足乡村教育"上好学"的需求;职业教育的教育方向与社会主义新农村需

---

① 袁利平,姜嘉伟.中国乡村教育话语体系的百年演进及其现实启示[J]陕西师范大学学报(哲学社会科学版),2022,51(1):69-83.

要的人才培养方向更为契合,真正满足教育服务乡村的要求;成人教育的覆盖面更为宽广,学习型乡村将会越来越普遍。

(四)更加智慧便捷的信息化教育

目前我国校园教育信息化配置已经有了很大改善,在以后的发展中,更加智能、更加精准的教育信息平台将会建立。平台可通过录入信息、跟踪记录等方式为每一名学生建立电子档案,并利用人工智能、大数据等技术,对学生的学习情况、性格爱好等进行分析,为每一位学生绘制专属用户画像,从而提供个性化、针对性的课程教学和心理辅导,真正实现教育教学的"千人千课"。教育"数据孤岛"将进一步消弭,更多城市优质课程资源将会通过平台共享给乡村学生,真正做到资源共享。乡村的特色民俗文化也可以让城市学生接触了解,从而有效提升城乡教育的融合度。

党的二十大之后,乡村教育发展进入新的阶段,全面实现乡村教育振兴是新发展阶段的重要任务。实现乡村教育振兴,需要充分发挥乡村教育在乡村振兴战略和教育现代化战略中的基础性和先导性作用,将乡村教育放在优先发展的位置,全方位提高乡村教育质量,推动乡村教育高质量发展①,为实现第二个百年奋斗目标做好教育保障。

---

① 张地容,杨丹,李祥.从精准扶贫到乡村振兴:十八大以来乡村教育发展的政策表达、基本经验与未来路向[J]天津市教科院学报,2022,34(2):74-82.

农村集体经济发展壮大路径探索与思考
——以成都市兴义镇为例

蒋志鹏

作者简介

蒋志鹏,四川广安人,出生于1995年5月,北京大学经济学院2020届硕士毕业生。毕业后选调至四川省成都市,现任成都市财政局发展研究处三级主任科员,2021—2023年间按照成都市委组织部统一安排在新津区驻村,在新津区兴义镇先寺村任副书记,现已结束驻村工作。

摘　要：发展农村集体经济是产业振兴乡村、实现共同富裕的重要抓手,对于实现农业高质高效、乡村宜居宜业、农民富裕富足具有重要意义。随着乡村振兴战略的实施,农村集体经济取得一定成效,但仍存在一些问题,包括村集体权责不匹配、积极性调动不够、"三资"开发利用不足、人力资源流失严重、乡村产业发展后劲不足等。本研究以四川省成都市兴义镇为例,在分析问题产生原因的基础上,提出了完善组织建设、加强政策支持、引入社会资本、盘活存量资产、挖掘资源价值、强化人才支撑、赋能产业发展等建议,以期助力农村集体经济发展壮大,提高农村人民群众生活水平并打造乡村共建共治共享的新格局。

关键词：乡村振兴；农村集体经济；乡村产业；经济建设

习近平总书记在党的二十大报告中指出："全面建设社会主义现代化国家,最艰巨最繁重的任务仍然在农村。"乡村振兴战略是新时代"三农"工作的总抓手,应积极探索中国特色的乡村振兴道路,健全党组织领导下的自治、法治、德治相结合的乡村治理体系,聚焦重点人群、重点区域、重点产业,以发展新型农村集体经济、新型农业经营主体和社会化服务为突破口,巩固和完善农村基本经营制度,推动乡村产业、人才、文化、生态、组织振兴,持续增强农村经济发展活力和实力,提高村级组织自我保障、服务群众、推动发展的能力。

一、研究背景

创新发展农村集体经济要坚持新发展理念,继续做好顶层设计,推动内部治理结构的优化升级,使新型农村集体经济成为农业农村现代化的重要支撑、衔接小农户和现代农业发展的重要纽带、承接各类资源下乡的重要平台。① 针对广西地区农村集体经济发展模式的相关研究发现,农村集体经济发展仍面临高素质人才缺乏、地区发展不平衡、发展资金不足等问题。② 其中,村内党员是影响村集体经营性收入的关键因素,充分发挥村内党员的先锋引领作用,是加强党对农村集体经济发展领导的基础。陈义媛认为,发展农村集体经济也能激活基层党建、激发党员活力,二者相互促进、共同发展。③ 楼宇杰等认为,各级政府的财政补助也是影响村集体收入的重要因素,村集体要充分发挥财政资金效益,积极探索新型农村集体经济发展路径。④ 张莉和马野认为,法治制度与村规民俗共同决定了农村集体经济组织的运作机制。⑤ 郭淑敏等提出要明晰集体经济组织产权的界定与边界,整合集体与社会资本,构建新型农村集体经济组织构架、建章立制、培养能力、扶持产业"四位一体"的发展路径。⑥ 许洁提出要充分利用乡村资源优势,深入发掘农业所内含的教育文化、历史传承等非经济功能,加大政策扶持力度,统筹规划产业布局,深化制度改革,探索农村集体经济发展新路径。⑦ 温铁军等认为发展农村集体经济需要带动农村经济回嵌乡土社

---

① 高鸣,魏佳朔,宋洪远.新型农村集体经济创新发展的战略构想与政策优化[J].改革,2021(9):121-133.
② 广西壮族自治区宏观经济研究院广西村级集体经济发展模式研究课题组.广西村级集体经济发展模式研究[J].市场论坛,2021(11):42-49.
③ 陈义媛.以村集体经济发展激活基层党建:基于烟台市"党支部领办合作社"的案例分析[J].南京农业大学学报(社会科学版),2021,21(3):107-117.
④ 楼宇杰,张本效,干真真.村级集体经济经营性收入影响因素分析:基于浙江省金华市的调查数据[J].浙江农业学报,2020,32(8):1506-1512.
⑤ 张莉,马野.乡村振兴背景下壮大村集体经济的法治进路[J].学习与探索,2021(5):84-90.
⑥ 郭淑敏,陈亚东,高春雨,等.构建"四位一体"框架 促进村集体经济可持续发展:以宁夏回族自治区村集体经济试点项目为例[J].中国农业资源与区划,2017,38(10):92-98.
⑦ 许洁.谋求农村集体经济更好更优发展 实现乡村振兴总目标[J].中国集体经济,2022(29):25-27.

会、农业经济回嵌资源环境。①

本研究在前人丰富的研究成果基础上,以新津区兴义镇为例,深入探讨如何完善农村集体经济发展的体制机制,从权责匹配、组织架构、"三资"管理、人力资源、产业发展5个方面分析了存在的问题和原因,并提出对策建议,以期为发展农村集体经济、提高农村自我"造血"能力、筑牢农村经济社会"压舱石"、实现产业振兴乡村提供参考。

二、兴义镇村集体经济发展现状概述

(一)兴义镇村集体经济取得的成效

兴义镇各村集体收入来源主要有两种:一是占补平衡、增减挂钩中的上级专项补助收入等财政性支持资金,二是集体土地征集补偿和村集体资源的转包租赁与流转等资源性收入。其中,激活农村资源要素、优化生产要素配置是激发农村发展活力、提高村集体收入的关键。目前,兴义镇各村主要通过两种方式来激活农村资源,发展村集体经济:一类是以传统农业为主,开展土地股份合作、劳务合作、农业生产合作等经营形式,实现农村资源的初级利用,大部分村以此类方式为主,通过土地流转出租的方式获取少量收入;另一类是以农业产业链延伸为主,通过招商引进二、三产业项目落户天府农博园片区,增加税收返还型收入,位于核心片区的村集体以此类方式为着力点,实施"引凤还巢"和全民创业工程,通过提供服务、物业管理、混合经营等多种形式拓展收入,实现农村资源开发的升级,提升集体经济发展能级。

(二)兴义镇村集体经济存在的不足

虽然兴义镇依托天府农博园核心片区的优势,采取股份合作委托经营、支农项目有偿使用、多方协作共同发展等方式,核实界定、统筹充实、科学管理集体"三资",实现了集体经济的稳步增收,但仍存在一些不足。图1、2反映了成都市11个典型涉农镇的村集体2021年收入情况,比较研究可以发现兴义镇村集体经济的具体情况。一是收入总量较为可观,村集体财力较为充沛。兴义镇

---

① 温铁军,张俊娜,邱建生,等.农业1.0到农业4.0的演进过程[J].当代农村财经,2016(2):2-6.

村集体 2021 年总收入为 77.31 万元,排名第 5 位,处于 11 个典型镇的中游水平,有一定的资金用于村集体日常运作和经济发展。二是收入结构较不合理,村集体经营收入较低。兴义镇村集体 2021 年经营收入仅 11.58 万元,排名靠后,居于第 8 位,且同前 7 位有较大差距,经营收入占比仅 14.98%,处于较末位,反映出兴义镇村集体经济对上级财政补助收入依赖较大,自我"造血"能力不足。此外,兴义镇还存在产业结构较为单一,村集体增收渠道不足的情况。兴义镇大部分村依靠集体土地租金作为收入的唯一来源,而村集体经营收入超过 100 万元的镇都有自己的特色产业模式。

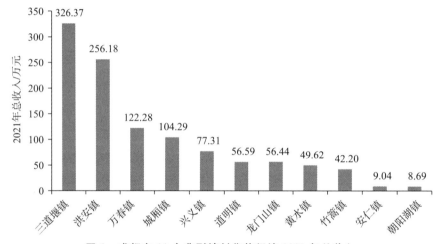

图 1　成都市 11 个典型镇村集体经济 2021 年总收入

数据来源:兴义镇人民政府。

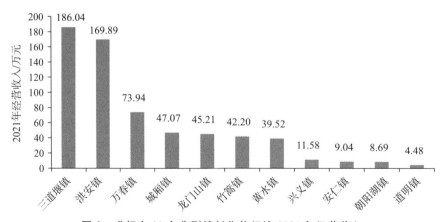

图 2　成都市 11 个典型镇村集体经济 2021 年经营收入

数据来源:兴义镇人民政府。

三道堰镇建立了"资源整合、统一运营、利益共享"的发展机制,将政府、社会资本、村集体、村民四方整合为发展共同体,打通城市资本下乡和农村资源入市通道,大力发展特色乡村文旅,重点打造古镇游玩、田园观光、亲水游憩、休闲度假等旅游业态,形成了集"吃、住、游、购、娱"于一体的旅游产业体系,推动一二三产业融合发展。洪安镇通过整合资源要素、盘活闲置资产的方式,实现高标准农田全覆盖,发展特色种植养殖产业,创建品牌农业,打造蔬菜、水果保供基地,以特色农业为基础,发展乡村旅游、打造川西林盘文化聚落区,构建六产联动实现了增收。

(三)兴义镇村集体经济发展的差异

虽然兴义镇各村集体都在盘活资产、开发资源、利用外力、招募能人等方面多措并举拓宽收入来源,但是受资源禀赋、地理区位、财力资本等因素的影响,各村集体经济发展的水平和层次存在差异。表1是兴义镇各村(社区)2021年集体经济收入情况,从集体经济收入总量和结构来看仍存在一些问题。一是集体收入总量不够高。全镇村集体经济较为薄弱,发展较为缓慢,仅2个村集体总收入突破100万元,且村集体经营收入总量更少,不起主导作用。收入水平和当前工作要求具有明显差距,成为制约乡村振兴发展及各项工作开展的不利因素。二是集体收入结构不合理。"输血"突出,"造血"功能不足。全镇村集体经济补助收入占比平均为85.07%,6个村(社区)占比高于90%,各村(社区)主要依靠上级财政来补充运转经费不足,虽然这部分收入稳定,但多用于日常性支出,盈余较少,难以汇聚发展村集体经济所需原始资本。三是经营收入水平不均衡。新型农村集体经济合作社开始发挥带动作用,但尚处于探索阶段,产业培育尚不成气候,带动乏力、后劲不足。各村(社区)收入呈现金字塔式,收入差距较大,张河村依托天府农博园资源一枝独秀,经营收入达60万元,岷江社区经营收入为17.5万元,其余7个村(社区)经营收入均不到10万元。大多数村收入来源单一,多来自集体土地租金,收入稳定性和持续性较差。

表1 兴义镇9个村(社区)2021年集体经济收入情况

村(社区)	补助收入/万元	经营收入/万元	总收入/万元	补助收入占比/%	经营收入占比/%
兴场社区	39.80	1.20	41.00	97.07	2.93
岷江社区	68.49	17.50	85.99	79.65	20.35
波尔村	42.19	8.06	50.25	83.96	16.04
纪碾村	120.40	4.30	124.70	96.55	3.45
杨牌村	44.76	3.80	48.56	92.17	7.83
田渡村	54.90	2.17	57.07	96.20	3.80
先寺村	92.93	1.50	94.43	98.41	1.59
广滩村	62.79	1.20	63.99	98.12	1.88
张河村	42.14	60.00	102.14	41.26	58.74
平均	63.16	11.08	74.24	85.07	14.93

数据来源:兴义镇人民政府。

张河村依托产业功能区和头部企业,整合集体土地等资源要素,采用土地入股的方式,合作建设并运营共享农庄项目,采用"保底+分红"的方式分配收益,每年村集体经济组织可获得保底收益31.5万元。岷江社区组织职业经理人、销售能手、种养能手等乡村能人,与合作联社、市场主体合作组建管理公司,共建果蔬销售公司,三方优势互补、分工协助,搭建"集体经济+联社+公司+农户"的利益链接平台,增加集体经济收入。波尔村通过村集体股份经济合作社,将2019年市级财政特色镇专项资金固定投入形成村集体资产,并与蓝城城乡公司合作入股,建设农旅融合项目——蓝城·沐春风,项目运行期间,村集体每年可获得5万元以上分红。先寺村全村户籍人口5 972人,土地5 642亩,村集体土地总面积338.5亩,资产总额14.6万元,由于缺乏特色产业,年轻人常年外出务工,常住人口仅2 600余人,全村仅有1个股份经济合作联合社,靠每年土地出租流转获得1万余元收入。

三、制约村集体经济发展的五大因素

通过对兴义镇各村集体经济发展现状进行分析,并与成都市其他典型镇村集体经济进行横向对比,可以发现村级权责分配失衡、积极性未有效调动、农村

"三资"管理欠缺、人力资源亟待开发、产业发展后劲不足五大因素制约了当地村集体经济的发展。

(一) 村级权责分配失衡

在中国五级财政治理体系下,村并没有独立的财政收入,但村作为社会治理的前沿阵地和落脚点,又承担着大量的开支。一是生产经营收入持续萎缩。20世纪90年代乡镇企业由于种种原因陷入亏损的境地,村内基本没有直接经营创收的企业;进入21世纪农村税费改革取消农业税,村集体收入进一步减少。加之现有基础设施、生产技术、发展模式较为落后,导致资源开发不充分、创收渠道有限。二是公共事业开支不断增加。随着乡村振兴战略和农村人居环境提升等工程的深入开展,村级管理、公益事业等多种支出逐步增多,即使有上级政府部门的补助,收支矛盾仍然存在。三是村集体收入事权不匹配。房屋、土地租赁收入是村集体收入的主要来源,但部分农户绕过村集体与大户签订土地出租协议,村集体在维护基础设施建设、承担公共支出责任的同时未能收取相应管理费用,进一步加大了村集体收支矛盾。

(二) 积极性未有效调动

壮大村集体经济这一理念在村干部和村民中还没有达成共识,村集体现有组织管理架构无法有效调动大家的积极性。一是基层工作任务繁重。基层工作的现状是"上面千条线,下面一根针",上级的各项决策部署都要压实到村一级去执行、推动、落实,导致村级组织事务性工作负担过重,基层干部没有多余的时间和精力去思考发展壮大集体经济。二是薪酬待遇普遍不高。村干部一般都是家庭的主要劳动力,除了花费时间在村级日常工作上外,还得考虑家庭的收入和开支,由于缺少有效的激励机制,村干部难以全身心地投入发展村集体经济中。三是村民集体意识薄弱。村民因居住分散等原因,个体意识较强、集体观念相对不足,加上村集体经济收入对村民个人收入的贡献较小,激励不够,大部分村民轻视发展村集体经济,对于发展村集体经济缺乏积极性和主动性。

(三)农村"三资"管理欠缺

资金、资产、资源"三资"是发展村集体经济的基础,但在实践中"三资"管理还存在一些问题,具体表现为资金来源渠道有限,资产处置盘活低效,资源开发利用不足等。

第一,资金来源渠道有限。村集体经济发展的原始资金主要有两大类:村集体自有资金和外来社会资金。自有资金包括争取上级项目资金、进行长期自我积累、汇集村民分散资金等,是村集体经济进行自我发展的基础。其中政府涉农资金投入是最终保障,但上级补助专款专用,多用于日常开支,无结余资金自主发展。发展村集体经济多依靠政策,申请重点项目获取财政专项资金,如波尔村的蓝城·沐春风、文旅综合体、停车场等项目,但有限的资金只能集中财力优先配置优势村、重点打造示范村。外来社会资金是农村发展所需资金的重要补充,各级政府以产业政策、财政投入为引导,村集体以土地等资源入股,引进工商资本进行合作,撬动社会资本作为发展村集体经济的补充。但农业投资总体上讲风险高、时间长、见效慢,对社会资本的吸引力不足。

第二,资产处置盘活低效。农村存量资产主要包括各级财政投资形成的国有闲置资产、村民闲置房产、农村闲置厂房等,缺乏经营性资产,难以产生收益。归属上级的资产,主要是涉及卫生、教育、兽防站、修理厂、村委会等的公益类资产,村集体无权灵活处置、改变用途产生收益。因城市化进程的推进,农村人口大量进城务工,产生了大量闲置、不断折旧、大幅贬值的村民自建房产,受限于农村土地流转和房产价格,加之村集体处置闲散林盘方式有限,仅能采取出租的方式获取较低收益。农村闲置厂房大多处于废弃状态,既占用用地指标,又无法带来收益。其来源主要有两类:一类是20世纪乡镇企业繁荣时期盲目扩张投资建设的厂房,后期因政策、市场等因素变动,乡镇企业大量破产倒闭形成的破旧厂房;另一类是招商引资下乡的工商企业,因产品不适应市场需求,经济效益低下最终倒闭产生的闲置厂房。

第三,资源开发利用不足。自然资源是农村发展的最大支撑,但由于市场化开发利用程度不足,耕地、宅基地、特色资源等难以变现。一是耕地产粮效率不够高。高标准农田尚未建成、规模效应尚未形成,存在开发成本高、耕种收益低、流转价值低等困难,打击了农民种粮积极性,因此土地多荒废或用于种植苗圃、花卉、林木等经济作物,不利于筑牢粮食安全底线。二是宅基地变现能力不足。农民进城后没有退出宅基地,导致农村人口减少、建设用地反而增加的问题。受限于现有宅基地制度,这些闲置宅基地难以通过流转等方式得到利用,带来实际收益。三是特色资源未有效开发。新津区地处岷江流域,水域资源丰富,适合打造亲水游憩、休闲度假等旅游业态。夏季在未开发的野河段有大量城镇居民戏水游玩,存在巨大的潜在需求,若得不到合理开发,既不能充分利用水域资源营造新消费场景,又造成安全隐患、增加村干部巡逻劝返任务量。

(四)人力资源亟待开发

现阶段农村地区人力资源整体综合素质偏低,很难满足农村振兴所需的人力资本支持,制约了农业现代化发展。一是人力资源数量不足。农村经济发展落后,农业人均产值低,依靠农业种植已经不能满足高消费带来的经济压力和基本的生活需求。为改善生活,人们选择流向城市,导致劳动力流失特别严重,而农村人口的流失又进一步制约了农村经济的发展,最终造成农村产出降低和劳动力流失的恶性循环。二是人力资源质量不高。农村普遍生产力落后、经济发展水平不高、基础设施建设不完善、教育医疗等公共服务较差,对人才的吸引力不足,从事农业生产经营的人员受教育程度普遍不高,既缺乏懂农业生产经营的科技人才,又缺乏懂现代农业经济的管理人才。三是人力资源结构不优。传统农业提供了大量的初级就业岗位,但二、三产业发展水平较低,劳动力普遍从事初级农业劳动。人才梯队存在断层,传统单一生产型、技术型人才较多,复合创新型生产经营人才、新业态发展人才、公共服务人才、乡村治理人才、农业科技人才数量较少。

(五)产业发展后劲不足

产业振兴是乡村振兴的重点,是实现农民增收、农业发展和农村繁荣的基础,也是解决农村问题的前提,但当前乡村产业发展存在一些问题。一是缺少创业创新精神。现在大部分农村无资金、无资源、无资产、无人才,发展壮大村集体经济困难重重,存在一定的政治和经济风险,村干部求稳保底思想严重,不敢闯、不敢干、不敢探索农业新业态。二是产业发展缺少统筹。单个农户各自为战、自我发展、盲目跟风，缺少村镇级产业引导，难以形成规模化、系统化、集群性的产业发展体系，农林牧副渔各产业未能优势互补，形成休闲农业、生态农业和乡村旅游等一二三产业融合的"六次产业"。三是地方特色挖掘不够。在产业选择上，对天府农博园资源、农耕文明底蕴和乡村文化内涵挖掘不足，存在模仿复制多、因地制宜少的问题，田园颐养、创意市集、大地艺术、民俗体验等休闲农旅新业态发展不充分，兼具乡村文明与时尚现代的文化互动场景打造不够，农旅体验的沉浸感和代入感不强。

四、协调发展村集体经济的四大关系

乡村振兴战略的基础和关键在于产业兴旺，以发展村集体经济为引领振兴乡村产业，要处理好效率与公平、集体与资本、农业与工业、农村与城市的关系。

（一）核心是效率与公平的兼顾

农业人口的平均收益等于农业每亩产出收益乘以人均土地。小农经济是人均耕地面积低、人均收益低的"双低经济"，通过流转土地形成的农场可以实现规模经济，提高农业人口平均收益。按照中国 18 亿亩耕地红线，每户流转农场 100 亩进行计算，只能够满足 1 800 万农户，人多地少的矛盾十分突出。这样的资源禀赋决定了我们不可能实行大规模农业、大机械作业。在改造高标准农田、进行集约化生产、提高农业生产率的同时，要健全农业社会化服务体系，实现小规模农户和现代农业发展有机衔接，尊重农民土地流转交易和人口迁徙移居的自由选择权，保障进城落户农民的合法土地权益，延伸农业产业链以保障就业，通过再教育、职业培训、技能提升等方式提高劳动生产率，实现效率与公平的统一。

（二）重点是集体与资本的结合

农村具有丰富的自然资源，是发展村集体经济，进一步实现乡村振兴的重要物质基础。但由于村集体原始资金积累不够、经营管理经验不足，加之对市场经济不敏感、对商业运作不熟悉、对资金管理不高效，难以有效开发利用资源,真正带来可观的经济回报。社会资本可以提供充裕资金、市场经验和商业模式,农村各项未开发资源对其有很大的吸引力,两者结合能够带来丰厚的经济效益和投资回报。但资本的逐利性决定其不会重点考虑农民增收、农村富裕和农业兴旺,甚至可能侵害农民的合法权益。所以村集体在同资本结合的过程中要严守初心使命,合理设置准入门槛,既要用好资本激发乡村活力、培育特色产业、带动农民致富,又要防止资本不当扩张、攫取利益、无序占地、破坏环境、剥削农民。

(三) 关键是农业与工业的互补

工业决定了一个国家的发展上限,农业是一个国家的发展下限,在新中国经济社会发展的整个过程中,农业和工业始终相辅相成。在现代化建设初期,农业完成了中国工业化所需的原始资本积累,为现代化国家建设打下了坚实的基础。目前,我国稳居世界第一制造业大国地位,工业净增加值远超农业,但在全球经济前景不明朗、经济增速放缓、新增就业机会不足的情况下,农业安全是社会稳定的底线,在维护社会稳定上发挥着强大的支撑作用。同时,欧美等发达国家皆对农业投入大量补贴来提高竞争力,补贴资金的来源归根结底还是工业,因此财政要发挥收入分配调节作用,让工业适当反哺农业,提高农业竞争力、收益率、稳定性,严守耕地红线,保障粮食安全,维护社会稳定。

(四) 本质是农村与城市的平衡

从资源禀赋的角度来看,农村最大的优势是丰富的土地和人力资源,但随着城市化、工业化进程的推进,农民、农村的发展环境和发展前景明显劣于市民、城市。大量农村人口向城市转移、农村土地被城市征用,农村的资源禀赋未被农村充分利用,也未能成为农村发展的动力源。因此要平衡好农村与城市的关系,让农村能留住资源、开发资源、利用资源。一方面要以城乡一体化为发力点,持续推进基本公共服务均等化,不断增强农民的获得感、幸福感、安全感,让人才扎根农村,为农村创造就业机会;另一方面要以推进农村集体经营性建设用地入市改革为突破口,畅通城市资本下乡和农村资源入市通道,厘清城镇开发边界,保障农村自然资源收益权,筑牢村集体经济发展所需的"三资"基础。

五、强化发展村集体经济的七大抓手

根据上述对村集体经济发展现状、成因和理念的分析,笔者认为,发展村集体经济要坚持因区而异、因地制宜、因村施策,统筹政策、技术、人才、资源等优势,汇聚资金、土地、资产等村集体经济发展要素。

(一)完善村级组织建设

要以调动村干部和村民的积极性为目标,建立健全合理有效的村集体组织架构,强化激励措施,激发村级组织的生机与活力。一是减轻基层工作负担。借助信息化、智慧化手段,少开会、开短会、慎发文、发管用的文、避免重复发文,严格实行工作事项准入制度,杜绝形式主义,让村干部将工作重点转移到实际工作中来,有更多的精力发展村集体经济。二是健全激励保障机制。一方面要给予村干部个人物质和精神奖励,把村干部的评优评先、薪资报酬、职务晋升、身份转换等与村集体经济发展目标挂钩;另一方面要给予村集体相应的奖励,把村集体每年的项目资金与村集体经济发展目标挂钩,建立健全集体经济发展创收奖励制度。三是唤醒村民集体意识。坚持村民的主体地位,加强对村民的教育引导,增强农民的集体观念、集体责任感和集体经济认同感,唤醒村民的主人翁意识,激发农民建设乡村的内生动力,形成发展新型农村集体经济的强大合力。四是推进片区支部联建。强化党建引领作用,按照地域相邻、产业相似的原则,设置联合党支部,探索实施党支部联建、产业区域化、经营一体化的多村抱团发展村集体经济新模式,综合统筹各村事务,形成整体发展合力。

(二)加强资金政策支持

完善农业支持保护制度,健全农村金融服务体系,提高财政涉农资金投入效率,构建财政、税收、金融等多层次、多渠道、全方位的农村资金服务体系,用财政"小投入"撬动资金"大资源"。一是不断强化资金扶持。政府涉农资金投入是保障,各级公共财政预算要向农业农村倾斜,发挥财政资金撬动引领作用,每年设立新型农村集体经济发展扶持资金,以重点项目、特色产业、创新业态为着力点,带动片区整体实现跨越式发展。二是全面落实税收优惠。对由村集体自主招商新落户的企业,其3年内对地方的增量税收贡献按一定比例奖励给所在村集体。集体经济组织缴纳税款中对地方贡献的部分,5年内全额奖励给村集体经济组织。三是创新涉农金融服务。鼓励金融机构加大对村集体经营性项目信贷的投放力度,在抵押范围、担保条件、贷款审批上适当放宽,对经济薄弱的村集体提供优惠利率,撬动信贷资金更多向村集体经济组织倾斜,为乡村产业振兴注入金融活水。

(三)积极引入社会资本

社会资本是实施乡村振兴战略的重要补充,要积极构建村集体和资本融合的新机制,发挥社会资本在推动农业农村现代化中的作用。一是汇聚村民闲散资金。借鉴袁家村发展模式,以村集体领导为核心,以村民为主体,创新集体经济机制,按照"公平、公正、平等、自愿"的原则,以村集体经济平台为载体,组建股份合作制集体经济组织,鼓励更多群众入股经营、分享收益,把散弱的农户个体利益与集体利益紧密结合。二是引入外来工商资本。发挥工商资本在人才管理、资金保障、技术更新、产业规划、市场渠道和品牌运营等方面的优势,通过整合资源发挥规模优势,弥补农村产业小而散乱的缺点,因地制宜推动农业规模化、系统化、集成化发展,做大做强特色品牌和特色产业,持续提升农村产业链和供应链影响力。三是创新集体经济模式。探索村集体、企业、种植大户、农户入股经营的股份制抱团发展新模式,构建"企业+合作社+农户+平台公司"农村新型集体经济股份联合社,统筹土地流转、生产用工、资金投入、市场运营、政府指导等具体事宜,使资金成为股金、资产化为资本、农民变身股东,不断做强村集体经济的主体,形成企业、村集体、农户抱团共生的发展新格局。

(四)有效盘活存量资产

盘活农村闲置资产将有力支撑乡村产业发展,增加村集体收入,带动村民就业,促进农户增收,进而助推乡村振兴。一是激活国有资产使用价值。做实两项改革"后半篇"文章,探索国有闲置资产所有权与使用权分离。各级财政资金投入形成的固定资产,在依法评估的基础上,将使用权交由集体经济组织,委托功能区或村(社区)进行资产管理和盘活,所得收益由财政统筹后,全额安排支出给相应村集体经济组织,专项用于村级公益事业支出。二是激活闲置房屋市场价值。鼓励村集体、有能力的农户或社会化资本收储并改建闲置土地、农房、林盘,打造乡村旅游、休闲度假、民宿、共享农庄和农家乐等乡村业态,开辟资产租赁、企业股份、农业开发、生产服务等多种路径,加快农村闲置资产和生态价值转换。三是激活闲置厂房投资价值。探索以倒闭乡镇企业的闲置厂房作为固定资产入股新企业的模式,通过在原有闲置厂房的基础上改造,缩短土地审批流程、降低土地占用补偿、减少新建厂房成本,引"新凤"入"旧巢",引入外来企业发展本地产业。

(五)挖掘资源潜在价值

随着时代发展,农村资源的经济价值、生态价值、社会价值日益凸显,是推动一二三产业融合发展的坚实基础。挖掘资源潜在价值为农村创新创业开辟了新天地,为农民就业增收打开了新空间。一是筑牢粮食安全底线。开展土地平整、归并、培肥改良、水渠管道安装等基础设施建设,打造集中连片、节水高效、稳产高产、生态友好的高标准农田,有效破解耕地面积小且不连片、无法机械化作业、种粮成本高、农户种粮积极性低等难题,实现规模化种植、机械化管理、高效化灌溉,提高耕地产粮效率、农户种粮收益。二是完善农村土地政策。探索宅基地所有权、资格权、使用权"三权"分置,落实宅基地集体所有权,保障宅基地农户资格权,适度放活宅基地使用权,推动农户宅基地使用权作为商品要素参与市场流动、转让、抵押,以市场化主体的经营优势激活农村资源,为农村资源的变现找到合适路径。对农户土地经营权采用折资入股方式,组建村级股份经济合作社,让农村土地要素活跃起来,让广大农户的积极性迸发出来。三是优化国土空间规划布局。适当安排建设用地指标,保障乡村产业发展用地,支持乡村新产业、新业态项目建设,延伸村集体经营项目链条,将农业附加值留在乡村,为集体经济发展注入新动能。四是释放特色资源优势。统筹开发和挖掘农村山水自然资源,把美丽乡村资源优势转化为优质经济效益,推动区域资源特色与农业产业发展的融合,打造一批有特色、有亮点、有文化、有底蕴的品牌化农产品种养、体验式乡村旅游、青少年研学基地、田园生态康养地等项目,推动一二三产业融合发展。

（六）强化乡村人才支撑

乡村要振兴，人才是关键，必须做到养得出、引得进、留得住。要打造一支强大的乡村人才队伍，激励各类人才在农村广阔天地大施所能、大展才华、大显身手。一是加大本土人才培养。大力推进农村青年人才培训计划，开展学历提升培训和专业技能证书培训，将农村青年培养成农村发展的顶梁柱、突击队、生力军，将其作为农村后备干部队伍，提升农村人才致富带富能力。二是积极引进外来人才。建立健全城乡人才流动体制和人才创新创业服务保障体系，畅通治理、技术、管理下乡通道，科学利用政策、资金等引导外出务工人员、大学生、退役军人返乡创业创新，积极引进农业技术推广员、农业职业经理人、农村电子商务师等各类复合型人才，改善农村人才素质结构。三是留住乡村各类人才。以推动城乡基本公共服务均等化建设为抓手，加强乡村新型基础设施建设和生态建设，营造良好的人居环境，配套相应保障性制度，在乡村人才子女教育、医疗保障、养老保障等方面给予相应政策支持，解决其后顾之忧。

（七）增强产业发展动力

乡村振兴，产业发展是关键。乡村要深入挖掘自身优势、找准自身定位，融合乡村农业生产、文明生活、生态保护、文化传承、休闲旅游和综合服务等多种功能，拓展新渠道、打造新业态、培育新主体，为乡村振兴注入新动能。一是培育农村创业创新精神。发挥党校教育培训主阵地作用，把发展壮大村集体经济作为村"两委"干部培训专题课程，把村"两委"干部培养成创业创新的带头人，在引导和激发农民创业创新精神方面树立鲜明正确的导向。二是统筹规划城乡产业。以壮大县域经济为抓手，协调城乡产业布局与资源要素配置，科学合理制定城乡产业发展规划，对乡村产业实施精准扶持，促进各类要素在城乡间合理流动、有效配置和优化配置，实现城乡资源优势互补，促进城乡融合经济协调发展。三是因地制宜发展特色产业。充分考虑片区资源禀赋布局、经济发展现状、产业比较优势等，科学制订"一镇一业""一村一品"方案，打造地方特色产业，营造以"农业+地方特色"为核心的"农业+旅游""农业+体验""农业+文化"等新业态,带动小农场、小作坊、小旅馆等一二三产业联动,构建农业现代化发展的大格局。

六、结语

目前农村集体经济发展存在体量小、底子薄、组织弱、人才缺等短板,导致资源开发利用不充分,产业整体发展动力不足。在探索新型农村集体经济组织形式的发展路径时,应以完善村级组织建设为引领,以涉农财政金融政策为导向,以广大社会资本为补充,增加农村对人才的吸引力,构建"集体+村民"的利益共享机制,调动村干部和村民的积极性,实现农村产业发展和居民共同富裕。

盈川村乡村振兴案例研究与指数评价

王壮飞

作者简介

王壮飞,山西临汾人,出生于1995年10月,北京大学药学院药学专业(六年制)2013级本科生,北京大学国家发展研究院2017届经济学双学位,北京大学临床药学(药事管理方向)2019届硕士研究生,在校期间荣获北京大学三好学生、北京大学优秀毕业生、北京大学一等奖学金等荣誉,在校期间担任班长、团支书等职务。毕业后选调至浙江省,先后挂职浙江省衢州市衢江区高家镇盈川村村书记助理与衢江区人力资源和社会保障局党组成员、副局长,现任浙江省卫生健康委员会体制改革处二级主任科员。

摘　要:浙江省衢州市衢江区高家镇盈川村,2020年之前是一个要素资源缺乏、集体产业薄弱、经济基础极差的欠发达地区小农村,却在短短一年内逐步发展为一个文旅资源丰富、集体产业壮大、村民生活幸福的美丽农村。本研究对该村以盈川杨炯文化为切入口,分党建引领、文化铸魂、旅游兴业"三步走"推进乡村振兴的案例经验进行了梳理、介绍、总结和反思,并构建了农村共同富裕综合指数模型,以期为其他欠发达农村地区实现乡村振兴和共同富裕提供参考借鉴。

本研究有四方面特色亮点:一是向下扎根,调研资料来自农村一线。笔者入户走访了盈川村几乎所有农户,了解了村民对于乡村振兴的真实想法,全程深入参与了盈川村乡村振兴的设计和实施过程,记录了最真实、准确的第一手资料。二是提炼创新,命名定义盈川文化资源。盈川村作为千年古村,历史文化积淀深厚,但从未有官方部门或者社会人士给出命名和清晰定义。本调研报告提出将盈川村文化资源统一命名为"盈川杨炯文化",并结合书籍资料和走访调研给出明确定义。三是梳理概括,创造性总结盈川乡村振兴模式。盈川村一直处于边规划边发展中,尚未有人对其乡村振兴模式进行分析总结。本调研报告首次提出盈川村的乡村振兴是以盈川杨炯文化为切入口开展的,并总结提出"三步走"的实施路径,归纳了三方面经验。另外,笔者结合盈川村自身优势和走访调研结果,规划设计了盈川村未来"四村"的发展方向,以期为盈川村下一步发展提供参考借鉴。四是严谨真实,构建共同富裕综合指数模型。笔者梳理了盈川村四个体系和突破性抓手,依据走访调研和文献资料构建评价指标体系,使用问卷调研了村民代表和不同层级政府工作人员对指标的两两比较意见,基于 yaahp10.2 软件,使用层次分析法(analytic hierarchy process,AHP)计算了各个指标权重,最终建立了农村共同富裕综合指数模型。

关键词:乡村振兴;盈川杨炯文化;共同富裕综合指数

党的十八大以来,以习近平同志为核心的党中央高度重视乡村振兴工作。乡村振兴是关系全面建设社会主义现代化国家的全局性、历史性任务,是实现中华民族伟大复兴的一项重大任务,是新时代"三农"工作总抓手。习近平总书记指出,农业强不强、农村美不美、农民富不富,决定着亿万农民的获得感和幸福感,决定着我国全面小康社会的成色和社会主义现代化的质量。浙江省承担高质量发展建设共同富裕示范区的重大历史使命,乡村振兴是实现共同富裕的必然选择、内在要求和有效路径。衢州市衢江区盈川村以杨炯文化为切入口,将历史文化内涵、民俗文化资源与文化旅游活动、村落保护有机结合,打造盈川初唐古村旅游"金名片",分党建引领、文化铸魂、旅游兴业"三步走",将盈川村建设成"远可观、近可游、居可养"旅游强村的发展模式,对浙江省乃至全国欠发达农村地区推动乡村振兴、实现共同富裕均有一定的参考借鉴意义。

一、盈川村村情概述

(一)基本情况

盈川村位于高家镇东端,南临衢江,东距龙游县城 18 千米,西距衢州市区直线距离20千米。村域总面积2.8平方千米,地势东北高西南低,位于金衢盆地中段。全村共有耕地906亩(其中在耕种的810亩),山地林地216亩(其中生态公益林42亩),集体建设用地3.5亩。盈川村位于黄土丘陵地带,村民主要从事农业生产,种植种类以粮食和柑橘为主。全村柑橘种植面积350亩,亩产2 500千克,种植户300户。盈川村气候温暖湿润,日照充足,四季分明,平均气温15摄氏度,无霜期248天,年降雨量约2 000毫米。

全村有自然村1个,户籍人口321户970人,平均年龄35.8岁,外来人口2人,外出人口285人,目前常住人口687人(其中60岁以上老人220人)。全村有党员32人。全村有姓氏90多个,主姓为徐、吴、汪。农村居民人均收入19 000元。低收入人口26户37人,其中低保人口21户26人,低保边缘人口5户11人。低收入群体中,60岁以上老人16人,患有大病的3人。全村有残疾人12人,无劳动能力者19人。本村有初中及以下学历人口569人,高中或相当学历人口300人,大专及以上学历人口90人,在校大专及以上学生11人。

(二)自然禀赋

盈川村位于"衢州有礼"诗画风光带核心区块,东接龙游,南临衢江,北靠杭金衢高速公路。美丽的沿江公路、衢江航道穿村而过,距离杭金衢高速公路衢江出口仅5分钟车程,陆上交通四通八达。盈川村地势高于衢江数十米,站在村头放眼望去,宽阔江面一览无余。村庄地势错落有致,沿江古渡风貌保存完好,植被覆盖面广,珍稀植物种类众多。处于衢江第一湾,拥有一江清水,坐拥一线江景,风光旖旎。

(三)盈川杨炯文化

千年传承,盈川村积累了厚重的文化底蕴。尤其是作为盈川村首任县令的杨炯,为盈川村留下了数不尽的文化宝藏,流传至今,形成了独一无二的盈川村文化传承。但尚未有官方部门或者专家学者为其命名,也没有清晰的定义。笔者将盈川文化资源命名为"盈川杨炯文化",在查阅大量相关资料和走访盈川村村民、老文化人、老驻村干部的基础上,给出明确定义:盈川杨炯文化是盈川千年历史积累沉淀下来的独一无二的文化传承,主要包括两部分内容,第一部分是杨炯廉政文化,核心是学习传承杨炯的清廉、为民、担当、务实精神,可凝练总结为"能""廉""勤"三方面;第二部分是盈川初唐文化,核心是初唐时期盈川县作为交通要道和商业重镇所传承的文化遗产,包括诗歌文化、民俗文化等。

盈川杨炯文化源远流长,其特征可概括为三方面。一是历史悠久,集体传承。千百年的祭祀和祈福,使这一信仰已经和当地乡民的精神生活融合在一起,并靠集体的努力将这一朴素的民俗活动传承了下来。二是内涵丰富,形式多元。千年的城隍庙、神圣的杨炯出巡仪式、热闹隆重的庙会、丰富的口头传说和故事,共同构成了盈川城隍信俗的丰富内涵和多元文化。三是参与面广,民间性强。每当杨炯出巡或庙会期间,周围的村庄都会积极参与,这种对于城隍的信仰和祭祀是民间一种自发的、自觉的集体行为,它植根于民众的生活之中,岁月流转,传承不息。

二、盈川村以文化为切入口"三步走"推进乡村振兴

(一)党建引领,落实责任聚合力

习近平总书记强调,党管农村工作是我们的传统,这个传统不能丢。盈川村以习近平新时代中国特色社会主义思想为指导,根据省委、市委、区委关于深入推进未来社区和清廉村居建设的部署要求,遵循"3752"党建治理大花园建设体系和乡村未来社区"四个三"顶层设计,在镇党委的领导下,选好"头羊",配好班子,坚持围绕中心、服务中心、保障中心,严格依据上级党委的正确方向,严格遵循上级党委的规划安排,严格落实上级党委交办的各项任务。笔者认为,盈川村乡村振兴工作的顺利推进,党建引领是最关键和最核心的一环。

1. 选好"头羊",配强班子

2020年11月,盈川村换届选举圆满完成,占小林同志当选村党支部书记、村委会主任,姜利甫同志当选村党支部副书记,另有毛韩等5人入选村"两委"班子。

占小林同志曾历任盈川村党支部书记、村委会主任等职务,工作务实,能力较强,经验丰富,在村里口碑很好,高票成功当选。占小林同志作为"一肩挑"人选,当选后扛起了带村致富"头羊"的担子,为村民办实事,为村子谋发展,在盈

川村推进乡村振兴的过程中起到了关键作用。

火车跑得快,全靠车头带。对于一个村来说,这个"车头"不仅是村支书一个人,还有整个村"两委"班子。盈川村"两委"班子团结务实,齐心协力,能高效负责地完成上级交办的各项任务,为盈川村克服改革推进过程中的重重阻碍提供了坚实的保障。

2020年村级换届时,盈川村正在进行初步建设,村"两委"始终坚持"换中干、干中换",一心扑在建设中。项目于9月开工,仅用时3个月就完成了精品村主体风貌建设,共实施完成立面改造70幢、庭院改造35户、景观节点设置11个、道路改造提升2条,主干道全面实现"上改下"。村庄面貌焕然一新,成为衢江区最具投资价值的村庄之一。这一切离不开镇党委的正确领导和盈川村团结和谐的领导班子的带领。

2. 专班推进,把准方向

衢江区委、区政府高度重视盈川村乡村振兴工作。区委、区政府专门成立创建盈川共同富裕示范地项目推进工作领导小组,区委常委、区纪委书记、监委主任姜利霞同志任领导小组组长,下设办公室、综合协调办、项目建设办、文化旅游发展办等机构,建立日常信息联系机制、定期会商协调机制和工作交办督考机制。

高家镇扛起推进盈川村乡村振兴的重要责任,成立了高家镇盈川村乡村未来社区创建工作专班,党委书记余炜同志任组长,镇长杜勇同志任常务副组长,成员包括镇党委班子成员、镇干部和村"两委"干部共22人。

两大专班同时推动发力,为盈川村乡村振兴改革把准方向,构建了"区委统领抓总+区纪委、区委宣传部通力协作+相关部门、乡镇全力参与"的工作格局,深入挖掘盈川杨炯文化中的清廉、为民、担当、务实精神,确保盈川村乡村振兴攻坚战顺利推进。

3. 制订方案,落实责任

区委、区政府制定《关于创建盈川共同富裕示范地项目推进工作实施方案的通知》,确定指导思想、目标任务、实施步骤及主要工作。高家镇出台《衢江区高家镇关于盈川村乡村未来社区创建工作实施方案》,明确打造独具特色、宜业、宜居、宜游的未来新社区的总体目标,确定基础设施建设、智慧元素植入和社区场景打造三方面重点任务,规划创建启动阶段(2021年3月底前)、实施阶段(2021年4—12月底前)和总结阶段(2022年6月底前)三大战略步骤,提出加强领导落实责任、强化宣传营造氛围和加大投入保障建设三方面工作要求。方案倒排时间表,明确要求按计划、分批次完成创建攻坚任务,9月底前基本建成项目核心区,12月底前基本完成项目启动区建设,确保盈川村乡村振兴顺利推进,改革出成果、见成效。

4. 同频共振,全民参与

在乡村振兴过程中,盈川村建立"党支部+合作社+基地+农户"模式,以党支部为核心,以合作社为纽带,以产业基地为依托,以农户为主体,探索建立党支部、合作社、产业基地、农户的紧密联合体,努力形成党支部引领、合作社推动、党员带头、群众参与的党建与经济社会发展同频共振、互动双赢的良好格局,不断增强党组织的创造力、凝聚力、战斗力。把党组织与专业合作社相结合,将土地流转、农田整理、群众致富、增加村集体收入等问题全盘考虑。借力党组织的组织优势、资源优势、信息优势,利用党建联盟、产业协会、党员专家队伍等的专业优势、技术优势,实施党员"双带"工程,帮助社员及其他农户解决生产、经营和销售中的实际问题,带动村民共同致富。

(二)文化铸魂,浸染历史厚底蕴

习近平总书记强调,乡村振兴,既要塑形,也要铸魂。盈川村大力推动以盈川杨炯文化为核心的"古韵盈川"文化品牌建设,深耕历史文化遗产,彰显盈川村的文化底蕴。在乡村振兴过程中把"魂"树起来,把原来单纯的"物"的建设提升到"人"的建设上,挖掘引领群众观念转化,打造精神文明高地。

1. 弘扬杨炯廉政文化

盈川村深入挖掘、广泛传播杨炯勤政为民、清廉为官的精神,大力传播为民、务实、担当的正能量,力争将盈川村打造成为党员干部廉政教育基地和中小学生爱国主义研学基地。通过开展"一馆+一巡、一戏+一研讨、一征文+一进校"活动,大力弘扬杨炯廉政文化,提高盈川杨炯文化的知名度和影响力。在盈川村各个项目的打造过程中,深刻植入杨炯廉政文化的思想,如在盈川古码头增设杨炯终迹盈川、投江求雨的典故,让游客一上岸就能感受杨炯为民捐躯的事迹以及后人对杨炯的缅怀与评价;再如在新建的杨炯文化广场,布置杨炯雕塑等特色文化小品,运用水波、栈道、莲花灯等元素,体现杨炯生前投江求雨的舍己为民精神,使抽象的杨炯文化变得具象,让游客可以身临其境了解杨炯的生平和典故。

2. 渲染盈川初唐文化

以初唐风情为脉络,通过初唐文化的植入、市井生活的构建等方式,打造集文化体验、美食娱乐、乡村文创、休闲度假等于一体的初唐文化体验地,真正打响"在盈川触摸盛唐乡村"的金字招牌。

盈川村整体风格设计为唐风古韵,包括民宿外立面的改造,以及古栈道、古县衙等各个景点场所都体现着浓浓的唐风。盈川村主入口牌坊边增设描写盈川秀丽风光的古诗屏风,进入盈川村的车行道路两边增设烘托初唐氛围的宫灯,瓦砾塘增设唐风服饰租赁小木屋和县令官轿,江岸民宿的庭院空间有体现盈川古时八景的诗词设计等。这些改建处处彰显了盈川初唐文化底蕴,游客可在游览中慢慢了解初唐的历史、政治、文化知识,穿越岁月时空走廊,体验古时风情。

(三)旅游兴业,持续发展共富裕

习近平总书记强调,乡村要振兴,因地制宜选择富民产业是关键。盈川村立足自身优势,以盈川杨炯文化作为切入口,锚定"基础设施大提升、文旅融合大发展、集体村民共富裕"的目标定位,大力发展乡村旅游业,带动休闲农业、亲子娱乐、研学拓展、乡村文创、智慧旅游、乡村民宿、餐饮服务等一系列产业发展,实现"乡村美"向"乡村活"的提质升档,以产业振兴推进乡村振兴持续发展,带动村民共同富裕。

盈川村规划建成"识""品""游""赏"四大旅游功能区。"识"盈川主要为初唐文化村品牌塑造、廉政教育基地、杨炯文化研学基地打造等;"品"盈川主要为现代农事体验、特色餐饮服务、特色农产品展示展销等;"游"盈川主要为湿地公园(太平桥溪)、初唐风情街、江岸民宿、杨炯祠以及沿江古码头绿道游览观光等;"赏"盈川主要为文物古迹游览、历史典故和诗歌文化赏识等。

三、盈川村乡村振兴初步成果

(一) 村民富 鼓起钱袋子

依据笔者走访了解到的情况,在实施乡村振兴之前,村民主要收入来源有三方面。一是农业,主要是柑橘种植,或者把土地包给大户,每年收取不多的一些租金或者粮食。随着橘子的售卖价格越来越低,从开始的3元/千克到后来的1.5元/千克,橘子种植甚至成了亏本行业,卖出橘子的收入尚且不足以支付肥料、农药等费用,更不用提人工成本。二是外出打工,一天收入从150元到200元不等,相对柑橘种植收入高出很多。但缺点是有受伤的风险,而且受天气影响较大,工作也较为辛苦。尤其是夏天酷暑和冬天严寒的时候,打工对村民而言是件很痛苦的事。另外,还有部分妇女在家中做来料加工,这个收入较少,时薪从8元到15元不等,也较为辛苦。三是失地保险。购买失地保险的村民,到达规定年龄后可以领取每月2 000元左右的补助,年龄较大的村民收入基本来源于此。买得早的村民购买费用较低,只需要几万元,负担较小;但购买较晚的村民花费较大,可能得十多万元,需要贷款或者找亲戚借钱,又构成一笔负担。笔者在2020年10月来到盈川村挂职,最开始走访时明显感觉村里居民生活水平不高,尤其是供养小孩读书的家庭负担较重。

在实施"三步走"乡村振兴之后,尤其是2021年10月再次走访农户时,明显感觉村民的生活更加富足了,对以后的生活改善也更加有信心。目前,村民收入渠道大大拓宽,笔者大致总结村民新增收入来源包括三方面。一是租金收入。农民将闲置土地(宅地)、房屋等资产以租赁的形式流转出去,果园、农园等的经营权也可一并外包,然后每年收取租金。还有村民通过和第三方公司合作等形式,把自己的房屋改装成民宿,也能获得租金收益。二是分红收入。村民可通过房产、土地、生产资料等方式入股,成为股东,每年不仅有固定的租金,年底还能按入股多少和项目的效益获取一定的分红。三是工资收入。盈川村乡村振兴的开发建设和持续经营为当地居民提供了大量的就业机会,如客房服务、安保巡逻、卫生清洁等,推动村民就地就业,甚至有部分外出打工的年轻人选择回到盈川村工作就业。

徐大叔家住盈川村西侧,房屋直面盈川潭江景。在这次乡村振兴过程中,他积极主动顺应发展规划,成为第一批房屋外立面改造的农户,他的房屋还被划入沿江高端精品民宿建设计划。徐大叔说:"一开始还有很多村民持观望态度,对党和政府的政策不了解,不愿意跟着村里的规划走。我是坚决相信党的政策的,所以最开始房屋改造时我就积极响应号召,一步快、步步快,现在别的村民都羡慕我,政府免费把我的房子改造得这么漂亮。"除了房屋改造外,徐大叔敏锐地意识到以后必定会有大量游客前来游玩,他在2020年就开张了盈川村第一家农家乐饭店,命名为"古码头渔庄",如今生意红红火火,每天都有大量游客来此就餐。徐大叔还在村里雇了几个人手,带动村民一起致富。像徐大叔这样,在盈川村乡村振兴过程中跟紧步伐致富的村民还有很多。虽然致富路径不尽相同,但相同的是,盈川村村民的钱袋子都鼓起来了。

(二) 农村美 亮起"金名片"

盈川村的乡村振兴并非只看经济发展,而是同时注重美丽农村的建设,彰显生态之美、宜居之美、和谐之美,擦亮盈川风景旅游村"金名片"。

第一,生态之美。盈川村践行绿水青山就是金山银山的"两山"理念,把自然生态作为乡村旅游的一大亮点。原先盈川村旁的江水水质污染较为严重,尤其是暴雨过后,往往会水葫芦泛滥,极度影响美观。后来盈川村花大力气整治水质,如今盈川江景波光粼粼,水质清澈见底。树林里的垃圾不见了,村里的绿化更多了,道路更加整洁了,整个盈川村与自然和谐共生,呈现出一幅美丽的乡村画卷。

第二,宜居之美。盈川村在乡村振兴过程中,同时推进了乡村公共交通、供水供电、垃圾和污水处理、通信服务和劳动就业服务等体系的建设,推动乡村公共基础设施升级,使文明的现代生活方式与农村田园牧歌式的传统生活方式得到有机融合。随着农房外立面的改造,杨炯文化广场和江心岛公园的建立,道路"白改黑",电线"上改下"等的进行,盈川村村民的生活变得更加舒适便捷。

第三,和谐之美。随着盈川杨炯文化的大力宣传,"衢州有礼"的观念也深入人心,盈川村村民之间更加和谐,矛盾纠纷也少了。盈川村基层治理更加有效,村民们增加了对盈川村的文化认同,生活也更加富足,以积极饱满的热情参与乡村治理,整个盈川村拧成了一股绳,成为远近闻名的基层治理模范村。

(三)集体强 激起新活力

在 2020 年之前,盈川村集体收入全部来源于政府补贴,没有任何其他收入来源。在乡村振兴过程中,盈川村集体经济也得到了长足发展。村集体可以从乡村旅游开发中直接获取利益,也可以通过乡村资源的招商引资获得资源租赁的差价收益。同时,投资公司也需要村集体在管理上给予协助,"公司+村集体"共同成立管理公司来管理和运营可以给村集体带来理想的收益。据初步测算,盈川村在所有项目建设完成后,可提供教育、会展、研学、住宿、餐饮和娱乐等各项服务,每年可接待游客 10 万人次以上,住宿 2 万人次以上,带动户均增收 2 万—15 万元,村集体增收 30 万元以上,真正实现村容整洁、环境秀美、业态丰富、百姓致富、村企获益和持续经营的共同富裕目标。

周素林是盈川村的会计,对盈川村集体经济的发展有着最直观的认识。他说:"以前我们村什么收入都没有,全靠政府补助。现在我们有了自己的集体收入,以后发展起来每年还能给村民分红,感觉村民的凝聚力更强了。村集体能一步步壮大起来,真的特别感谢党的好政策。"

四、盈川村乡村振兴模式经验借鉴与思考

(一)坚持党建统领,融入上级核心战略

盈川村的乡村振兴始终坚持上级党委正确领导,坚持加强基层党组织建设,遵循"3752"党建治理大花园建设体系,主动融入山海协作、"衢州有礼"诗画风光带建设和改村提升等省委、市委、区委核心战略。

第一,山海协作。依托山海协作结对帮扶,盈川村积极完善村庄规划,按照生态、生产、生活"三生融合"的发展理念,积极谋划村庄发展项目。鄞州区派驻领导干部多次到盈川村实地考察走访,对盈川村的未来发展提出了宝贵的意见与建议。目前村中建成的文化礼堂及社区便民服务中心(游客服务中心)项目

正是鄞州-衢江山海协作的结晶。

第二,"衢州有礼"诗画风光带建设。盈川村位于"衢州有礼"诗画风光带衢江段的终点,借助这一地理节点优势,盈川村借力发展,以沿江绿化带建设为重点,打造亲水平台、江心岛景区等核心景观带,不仅加快了自身乡村振兴的发展,而且提高了"衢州有礼"诗画风光带的质量和知名度。

第三,改村提升。改村提升是衢江区推出的农村改造提升工程,按照集约节约、合理用地的原则,采用"一拆五统"方式("一拆"是指整治拆除"一户多宅","五统"是指腾出的宅基地由村集体统一收储利用、统一规划布局、统一流转安置、统一成本核算、统一基础配套),对由闲置空壳房、宅基地形成的"空心村"和计划连片原拆原建的居民点实施综合改造、整体提升。盈川村借此契机,完成了农房外立面改造、道路"白改黑"、电线"上改下"等基础建设,为乡村振兴的发展奠定了良好基础。

(二)深耕历史遗产,弘扬乡村本土文化

盈川村挖掘历史文化的深刻内涵,以盈川杨炯文化为切入口,从历史文化中提炼出具有较高艺术价值、人们喜闻乐见的元素,配套互动文化体验设施,让盈川文化的内涵浸润人心。盈川村到目前为止共承办国家、省、市、区级文化专家研讨会10余次,百余位诗人及作家走进盈川现场采风,为盈川的文化传承与发展提出了宝贵意见与建议。依托清廉文化馆、杨炯文化广场、杨炯祠、瓦砾塘、江心湿地公园等文化体现场景,串点成线,规划布局唐风主题民宿、丰收园市集、汉服工坊等产业业态,推动文化工程、文化项目、文化品牌在盈川落地生根,营造浓厚的唐风和清廉氛围,实现"在盈川触摸盛唐乡村""在盈川感知最美人文乡村"的有机融合。

(三)锚定共同富裕,推动全体村民受益

习近平总书记指出,时代是出卷人,我们是答卷人,人民是阅卷人。乡村振兴的成功与否,一定要看人民群众是否受益。盈川村在推进乡村振兴的过程中,始终把人民群众的利益摆在首要位置,推动全体村民共同富裕。

在盈川村乡村振兴模式中,村民是最直接的受益者。村民的主要收入来源

从以前的柑橘种植或者外出打工,拓宽为租金收入、分红收入和工资收入三部分来源。村民的可支配收入明显增加,并且预期会逐年增长。

在乡村振兴的过程中,盈川村集体经济也得到了长足发展。在乡村旅游开发中,不仅村集体获得了收益,而且乡村公共交通和就业服务等也得到了完善,促进了乡村的可持续发展。

五、盈川村"四村"发展方向设想

经过一年多的发展,盈川村乡村振兴已经取得一定成效,区委、镇委正积极商讨下一步发展方向。笔者立足盈川村自身优势,结合入户走访了解到的村民期盼和其他乡村的成功经验,初步规划设计了"四村"发展方向,以期为盈川村的下一步发展提供参考借鉴。

(一)文化为里,打造底蕴厚重的民俗村

盈川村最大的优势是源远流长的盈川杨炯文化。盈川的发展,最核心的应是立足于优秀的本土文化,打造"文化+"产品。

第一,打造民俗场景。进一步发扬杨炯出巡等非物质文化遗产,如在杨炯出巡之前广为宣传造势,邀请省市领导莅临讲话,扩大杨炯出巡的影响力。邀请专业团队丰富杨炯出巡活动形式,加入情景剧表演、朗诵、歌舞等元素,丰富杨炯出巡活动的内涵,提升趣味性。

第二,重现历史遗址。修建盈川村古县衙,通过杨炯断案、祭天求雨等情景演绎的形式吸引游客,传播杨炯的故事。修建左宗棠水上练兵体验区,重现左宗棠治兵场景,增强游客的历史体验。

第三,设计文创周边。衢州有着众多的民间传统工艺,如剪纸、根雕、竹雕、木雕、牙雕、蛋雕、石雕、木刻、棕编、竹编、农民画、陶瓷等。可将衢州的传统特色工艺品与盈川风情相结合,制作出相应的文创产品,如杨炯白瓷像、杨炯诗词皮质笔记本、木雕古盈川等。

(二)景观为表,打造环境优美的花园村

在文化内涵丰富之后,盈川村的外在形象是吸引游客第一眼的重中之重。

盈川村有着得天独厚的自然资源禀赋,要利用好大自然馈赠的山水田园资源,建设山清水秀、生态美丽的花园村。

第一,花卉种植。建议在盈川村成片种植观赏花种,一方面,成片花海看上去视觉冲击力很强,具有很高的观赏价值,可打造成为一个打卡拍照点;另一方面,部分花卉具有较强的经济价值,可进一步加工成为花束等工艺品,为村民增收。

第二,农业景观。基于现有的生态农业和无核椪柑基地,进一步发展观赏农业。可在公路两旁种植油菜花等具有观赏价值的农产品,也可以打造杨炯文化主题的稻田画,达到旅游效益和农业效益双丰收。

第三,人造小品。建立一些人工景观,如瞭望台、假山、人造瀑布、音乐喷泉等,也可以在村里的合适节点处放置一些五颜六色的花灯,在村头建造五彩斑斓的串串灯走廊,布置夜晚灯光秀场景,打造夜间经济。

(三)数字为基,打造治理有效的智慧村

数字治理是未来乡村的发展方向,盈川村可以借助数字化的手段,提升乡村治理水平。

第一,智慧生活。如建立智能垃圾分类系统,配置智能化宣传引导屏,实行精准投放智能监测和积分礼品兑换等;再如建立智能村卫生室,建立居民全生命周期电子健康档案,推进远程诊疗向乡村覆盖。

第二,智慧旅游。建立智慧停车场、智慧公交车站、智慧公厕等数字化管理公共设施,在此基础上搭建大数据游客服务中心。游客只需扫码便可在手机端获得数字导游,实时查询景点、车位、公交车位置、厕所空余数量等,提升游客体验。

第三,智慧党建。建立集管理、学习、分析、宣传于一体的党员智慧云平台,嵌入党员信息档案、在线教育、思想宣讲、党务公开、党组织生活等模块,使党建工作从"面对面"变为"键对键",提高时效性和互动性。

(四)轻娱为助,打造发展蓬勃的知名村

盈川村的发展,不能局限于吸引中老年游客,一定要有足够吸引年轻人打卡娱乐的项目,使村庄的发展迸发更多活力。

第一,娱乐项目。依托盈川村的江景,建立水上娱乐设施,如人工沙滩、垂钓平台等,开展水上娱乐项目,如水上摩托、水上婚礼、冲浪运动等。衢江区正在积极构建"文旅衢江·帆船城市"特色项目支撑体系,可以在盈川村建设帆船运动基地,吸引全国帆船运动爱好者前来打卡游玩。

第二,特色美食。可建设小吃一条街,售卖葱花馒头、搁袋饼、清明粿、水晶糕、肉圆、山粉饺、烤饼、"三头一掌"、龙游发糕等衢州特色小吃。同时设立农产品集市,售卖附近乡村的农家蔬菜、土鸡蛋、土鸡、土鸭等特色农产品,主打绿色、有机、无污染。

第三,媒体宣传。借助抖音、快手、小红书、哔哩哔哩等宣传平台,邀请专业团队设计包装,凸显盈川村定位。同时邀请主播、大 V、知名 UP 主等有影响力的网络红人前来盈川村打卡,从而带动粉丝消费。

六、构建农村共同富裕综合指数模型

依据《中共中央 国务院关于支持浙江高质量发展建设共同富裕示范区的意见》和《浙江高质量发展建设共同富裕示范区实施方案(2021—2025 年)》,共同富裕的内涵大致可以划分为发展质量效益、收入分配制度、城乡区域差距、精神文化生活、社会公共服务、生态文明建设、社会治理体系 7 个维度。由于农村地区产业主体相对较少,并且大多为旅游业、服务业等第三产业,因此本研究暂不考虑发展质量效益指标。

另外需要说明的是,由于指标权重的计算需要发放问卷收集村民对指标两两比较的判断情况,因此本调研报告纳入的指标均是村民易于直观理解的指标,舍弃了如恩格尔系数之类的专业术语。同样,指标数量不宜过多,否则可能影响问卷回收质量。因此,本指标体系仅用人均预期寿命、城乡居民收入倍差、儿童平均预期受教育年限、空气质量优良天数比例、矛盾纠纷化解率和文明好习惯养成实现率 6 个指标分别衡量医疗健康、城乡区域差距、公共教育、生态文明建设、社会治理体系和精神文化生活 6 个维度。

在文献资料和村民走访的基础上,笔者增加了村民经济水平和收入分配制度 2 个维度,其中村民经济水平包括人均可支配收入和人均存款余额 2 个二级指标,收入分配制度包括农村集体经营收入、中等收入群体比例、低收入群体收入增长率3个二级指标,最终建立了如表1所示的农村共同富裕指标体系。该体系包含3个一级指标和11个二级指标。

表1 农村共同富裕指标体系

一级指标	二级指标	对应维度
个人发展指标	人均可支配收入#	村民经济水平
	人均存款余额*	
	人均预期寿命#	医疗健康
集体发展指标	城乡居民收入倍差#	城乡区域差距
	农村集体经营收入※	收入分配制度
	中等收入群体比例*	
	低收入群体收入增长率*	
服务优质指标	儿童平均预期受教育年限#	公共教育
	空气质量优良天数比例※	生态文明建设
	矛盾纠纷就地化解率#	社会治理体系
	文明好习惯养成实现率#	精神文化生活

\#:指标来源于《浙江高质量发展建设共同富裕示范区实施方案(2021—2025年)》。

*:指标来源于陈丽君,郁建兴,徐铱娜.共同富裕指数模型的构建[J].治理研究,2021,37(4):5-16.

※:指标来源于杭州市萧山区瓜沥镇梅林村村级共同富裕指标体系。

(一)问卷设计与发放

本研究采用问卷星设计问卷。问卷共计20题,包括2道填空题和18道单选题(https://www.wjx.cn/vj/mqcxyTV.aspx)。

问卷共向20人发放。为了使结果更具代表性,发放对象包括浙江省、衢州市、衢江区、高家镇政府公务员各1人共4人,盈川村村干部6人,村民10人(随机抽样,样本数大于盈川村人口1%)。部分年龄较大的村民采取由其口述,笔者录入的形式进行。最终20份问卷全部成功回收(图1)。

图 1 问卷星问卷回收界面

(二)农村共同富裕综合指数模型

1. 权重测算

采用层次分析法计算一级指标和二级指标权重,以表示该指标在指标体系中的相对重要程度。权重测算使用 yaahp10.2 软件进行,先建立层次结构模型,如图 2 所示。

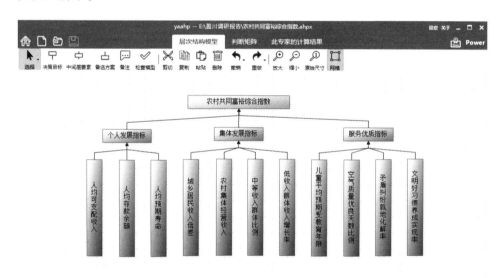

图 2 农村共同富裕综合指数层次结构模型

接下来,分五步构建判断矩阵并计算各个指标相对权重。

第一步,收集权重比较群决策意见。明显重要、稍微重要、同等重要、稍微不重要、明显不重要5个等级分别对应4、2、1、1/2、1/4的分值。将回收问卷得到的数据录入比较矩阵,如表2所示(以一级指标比较矩阵为例)。

表2 一级指标比较矩阵

两两比较判断的因素	明显重要	稍微重要	同等重要	稍微不重要	明显不重要
个人发展指标					
集体发展指标					
服务优质指标					

第二步,形成判断矩阵(公式1)。矩阵中i行j列的元素$a_{ij}(i,j=1,2,3,4)$表示a_i与a_j重要性程度比较的结果。

$$A = \begin{bmatrix} a_{11} & \cdots & a_{1j} \\ \vdots & \ddots & \vdots \\ a_{i1} & \cdots & a_{ij} \end{bmatrix} \quad (公式1)$$

第三步,归一化处理。计算判断矩阵各个标度的几何平均数,并将之标记为W_i。对其进行归一化处理得到权重系数G_i,见公式2。

$$G_i = \frac{W_i}{\sum W_i} \quad (公式2)$$

第四步,一致性检验。用公式3计算一致性指数(consistency index,CI)。

$$CI = \frac{\lambda_{max-n}}{n-1} \quad (公式3)$$

当CI=0时,表明判断矩阵具有完全一致性;反之,若CI值越大,则表明判断矩阵的一致性越差。由于专家判断的主观性等因素,矩阵很难具有完全一致性。根据美国运筹学家托马斯·萨蒂(Thomas L. Saaty)等人的研究,可引入一致性比率(consistency ratio,CR)对一致性进行评价。当CR≤0.1时,表明矩阵A的不一致程度在容许范围之内,有较好的一致性,一致性检验通过;否则要重新构造成对比较矩阵A。CR的计算方式如公式4所示。

$$CR = \frac{CI}{RI} \quad (公式4)$$

其中,RI是随机一致性指标(random index,RI),对应的n值取值如表3所示,n为参与比较的元素数。

表3 RI取值表

n	1	2	3	4	5	6	7	8
RI	0	0	0.58	0.90	1.12	1.24	1.32	1.41

将收回的20份问卷录入yaahp10.2软件进行分析测算,结果表明所有问卷均通过一致性检验。

判断矩阵和一致性检验示例如图3所示。

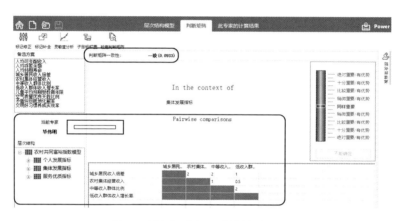

图3 判断矩阵和一致性检验示例

第五步,使用yaahp10.2软件计算每份问卷的指标相对权重,如图4所示。

图4 yaahp10.2软件计算相对权重结果示例

对20份问卷的相对权重取算数平均数可得最终结果,如表4所示。

表4 农村共同富裕综合指数模型权重测算结果

一级指标	权重	二级指标	权重
个人发展指标	38.58%	人均可支配收入	15.53%
		人均存款余额	10.39%
		人均预期寿命	12.66%
集体发展指标	32.70%	城乡居民收入倍差	9.76%
		农村集体经营收入	7.80%
		中等收入群体比例	7.77%
		低收入群体收入增长率	7.37%
服务优质指标	28.72%	儿童平均预期受教育年限	7.77%
		空气质量优良天数比例	6.86%
		矛盾纠纷就地化解率	7.51%
		文明好习惯养成实现率	6.58%

2. 指数合成

指数是指将因不同度量而不能直接汇总的多种事物在不同时间对比的综合相对数。由于各个指标量纲、经济意义、表现形式以及对总目标的作用趋向不同,不具有可比性,因此必须对指标进行无量纲化处理。

在农村共同富裕综合指数的计算与合成过程中,首先采用极值法对各个指标进行无量纲化处理,处理方式见公式5。

$$x_i^* = \frac{x_i - x_{\min}}{x_{\max} - x_{\min}}$$ （公式5）

其中,x_i^*表示无量纲化处理后的变量结果,x_i表示二级指标变量数值,$x_{\min}$表示该组变量的最小值,$x_{\max}$表示该组变量的最大值。极值法得到的无量纲化结果均分布于区间$(-1,1)$内。

然后,在对二级指标进行无量纲化处理的基础上通过加权求和进行指数合成,一级指标计算方式见公式6。

$$Q_i = \sum_{i=1}^{n} x_i^* \cdot w_i$$ （公式6）

其中，Q_i 表示具体某一级指标的最终结果，x_i^* 为该一级指标的二级指标无量纲化后的数值；w_i 为与 x_i^* 相对应的二级指标的权重；n 为该一级指标所对应二级指标的项数。

最终，通过公式 7 可得到农村共同富裕综合指数 P。

$$P = \sum_{i=1}^{N} Q_i \qquad （公式 7）$$

其中，N 为一级指标项数。

该指数计算所需二级指标由政府各部门分散掌握，由于数据的可获得性有限，笔者未能计算出该指数的具体数值。未来，建议有关政府部门统筹汇集相关数据，计算得到盈川村的历年农村共同富裕综合指数，为评价盈川村共同富裕的推进程度提供参考。

蝶变,在州河的转弯处

——从东蔡庄村之变看天津乡村振兴实践

于子钰

作者简介

于子钰,天津人,出生于1995年11月,北京大学外国语学院2018届本科毕业生。毕业后选调至天津市,现任天津市住房和城乡建设委员会三级主任科员,曾任蓟州区上仓镇东蔡庄村党支部副书记。

摘　要: 实现中国式现代化,必须加快推进乡村全面振兴。在天津市蓟州区东蔡庄村乡村振兴实践中,通过结对帮扶和精准施策,党建引领作用更加突出,村党组织建设不断加强,村庄治理水平显著提升,村集体经济持续壮大,低收入群体得到有效帮扶。驻村工作队扎根一线、埋头苦干,积极争取政策资源,改善提升基础设施,坚持党建引领基层治理,产业帮扶强村富民等多措并举,村容村貌焕然一新,激活乡村发展活力,进一步绘就民生幸福长卷。

关键词: 乡村振兴;结对帮扶;党建引领

民族要复兴,乡村必振兴。党的二十大报告作出了"全面推进乡村振兴"等一系列重要决策部署,提出要"扎实推动乡村产业、人才、文化、生态、组织振兴",进一步指明了新时代新征程"三农"工作的总体要求和前进方向。近年来,天津市坚持农业农村优先发展,持续巩固基础、发挥优势、增添动能,取得了阶段性成效。笔者有幸参与了驻村工作,见证了天津市结对帮扶困难村工作所取得的丰硕成果和美丽村庄的崭新风貌。

一、村庄介绍和帮扶情况

（一）村庄基本情况

蓟州区，古称渔阳，是千年古县，位于天津市最北部，东临河北省遵化市、玉田县，西接河北省三河市，南依宝坻区，北邻河北省兴隆县、北京市平谷区。上仓镇，地处蓟州区南部，境内全部为平原，蓟运河支流州河蜿蜒而过。上仓镇因自古以来为商贾重镇，唐代以来为漕运主要码头，有"上米仓"之称，故而得名。东蔡庄村位于上仓镇西部，户籍人口共305户974人。村党支部共有正式党员35名、预备党员1名。村"两委"班子由4名成员组成。全村耕地面积805亩，种植种类以小麦、玉米为主。2017年，天津市开展新一轮结对帮扶工作。2019年，东蔡庄村被列为新增加的经济薄弱村，帮扶单位是天津市住房和城乡建设委员会。

（二）帮扶工作开展情况

天津市住房和城乡建设委员会结对帮扶上仓镇陈家桥村、东桥头村、东蔡庄村。由4人组成的驻村工作队扎根一线，服务群众，紧紧围绕"三美四全五均等"的帮扶目标和73项指标，巩固拓展结对帮扶成果同乡村振兴有效衔接。

按照入户调研收集的村民意愿，驻村工作队优先开展基础设施建设，具体实施了饮水安全工程、党群服务中心广场地面硬化铺装及围墙工程、东侧健身广场建设、日间照料中心休闲广场改造提升、主街道庭院围墙整修粉刷、村主街硬化提升工程、安全防控设施布设、村村通广播系统提升、配备分类垃圾桶和垃圾车、安装LED（发光二极管）彩色显示屏等项目，不断增强人民群众的获得感、幸福感、安全感。截至2021年底，东蔡庄村累计得到帮扶资金约678万元。

2021年，东蔡庄村已经达到"五好党支部""文明村""平安村""美丽村庄"创建标准。村内共7户（10人）低收入困难群体全部建档立卡，享受教育资助、医疗救助、住房安全、社会兜底保障政策。2019年，东蔡庄村村民人均可支配收入为20 278元，2020年增长为22 500元，同比增长10.6%。产业帮扶项目签约落地后，2020年村集体经营性收入新增20万元以上。东蔡庄村已全面达到"三美四全五均等"帮扶目标,即村庄、环境、乡风"三美",产业带动、转移就业、水电供应、户厕改造"四个全覆盖",教育、医疗、住房、社保、便民服务"五个城乡均等化"。村庄人居环境整洁干净,产业带动集体增收,百姓精神面貌明显提升。结对帮扶工作得到广大农村基层干部和群众的认可,为全面实施乡村振兴战略打下了坚实基础。

二、完善政策、资金保障机制,助力发展

天津市深入贯彻习近平总书记关于扶贫工作的重要论述精神,落实坚决打赢脱贫攻坚战的部署要求,扎实开展结对帮扶困难村工作。制定出台了"十项帮扶行动""三年行动方案"等14个政策指导性文件,组织48家市级职能部门制定了产业帮扶、就业援助、金融帮扶、饮水安全等30多项务实管用的配套文件。

在收支矛盾不断加大和新冠疫情的双重影响下,天津市政府坚决扛起政治责任,积极优化财政支出结构,聚焦党建、就业培训、产业带动、科技教育、金融服务、生态补偿、基础设施、住房安全、医疗救助、社会保障"十项帮扶行动"工作任务,全力以赴做好结对帮扶资金保障工作,为全面打赢结对帮扶攻坚战提供了充足的"粮草军需"。三年来,共安排新一轮结对帮扶困难村产业带动帮扶和基础设施帮扶市财政补助资金25.3亿元,市级职能部门将各项支农惠农政策向困难村倾斜,累计投入11亿元,各帮扶单位累计投入资金7亿多元,为"三农"在"六稳""六保"中切实发挥"压舱石"作用提供了有力支撑。在资金分配上,积极推动结对帮扶资金放权改革,财政结对帮扶资金采取"大专项+任务清单"的管理模式分解下达各涉农区,实行目标到区、任务到区、资金到区、权责到区,赋予涉农区更大的资金统筹使用权限,允许各涉农区在确保目标任务完成的前提下,自主调配使用产业带动帮扶和基础设施帮扶财政补助资金。

同时,坚持保障结对帮扶资金安全,实行全链条制度设计、全过程动态管理、全方位跟踪问效,编紧制度的"笼子",扎密管理的"篱笆",确保结对帮扶资金最大限度发挥效益。

第一,完善资金管理制度。研究制定《支持新一轮结对帮扶困难村发展市级补助资金管理办法》《支持新一轮结对帮扶困难村发展市级补助资金专项检

查三年工作方案》《天津市结对帮扶困难村发展财政补助资金绩效评价管理办法》等一系列文件,从制度设计上构建了资金使用管理、政策效果监督和评价结果应用的财政帮扶资金闭环监管链条。

第二,建立动态监控机制。切实加强帮扶资金执行管理,建立帮扶资金统计报告制度,对结对帮扶资金实行全流程、逐环节追踪,全面了解帮扶资金安排、拨付、支付进度,及时发现并解决资金使用中存在的问题,督促各涉农区在确保帮扶资金安全前提下,切实采取有效措施加快资金支出进度。

第三,全面实施绩效管理。加强帮扶资金绩效管理,组织市级相关部门和各涉农区开展帮扶资金绩效评价工作,科学设立绩效目标,加强绩效目标审核,落实绩效运行监控,不断强化绩效评价考核和结果运用。通过绩效评价"指挥棒",引导各涉农区把每一分钱都花在刀刃上,确保"阳光帮扶、廉洁帮扶、务实帮扶",为天津市实现全面建成高质量小康社会目标保驾护航。

三、党建引领基层治理

(一)坚持选优配强,驻村工作队充分发挥支持和帮助作用

2013—2020年,天津市先后开展了两轮结对帮扶困难村工作。2017年8月,在圆满完成上一轮结对帮扶工作的基础上,结合到2020年全面建成高质量小康社会的目标,天津市又启动了新一轮结对帮扶困难村工作。全市789家单位的2 095名干部组成了688个工作组,同时市政府精准确定了1 041个相对困难村作为帮扶对象。

2021年7月,天津市印发《关于向重点村选派驻村第一书记和工作队的工作方案》,健全常态化驻村机制,巩固拓展结对帮扶成果,为全面推进乡村振兴提供了坚实组织保证和干部人才支持。对100个乡村振兴示范村,选派第一书记,发挥示范带动作用。对倒排村集体年经营性收入确定的800个经济薄弱村,同步选派第一书记和工作队,工作队队长由第一书记兼任。对每年评星定级确定的350个左右的无星村,按照常态化、长效化整顿建设要求,进行动态调整,将这些村作为党组织软弱涣散村进行整顿治理,继续全覆盖选派第一书记。

（二）建强村党组织，充分调动村"两委"的积极性、主动性、创造性

坚持抓党建、促帮扶，注重加强困难村党组织建设，帮助困难村强班子、建队伍，为困难村打造一支"不走的工作队"。重点围绕增强政治功能、提升组织力，推动村干部、党员深入学习和忠实践行习近平新时代中国特色社会主义思想，学习贯彻党章党规党纪和党的路线方针政策；加强村"两委"班子建设，促进担当作为，帮助培育后备力量，发展年轻党员，吸引各类人才；加强党支部标准化、规范化建设，严格党的组织生活，加强对党员教育管理监督，充分发挥党组织和党员的作用。

通过实施帮班子建设、帮发展党员、帮制度机制、帮精神文化、帮设施提升"五项工程"，充分发挥驻村工作队队长的第一书记作用，严格落实"三会一课"、组织生活会、民主评议党员等组织生活制度，新发展党员3 004人，使困难村党员干部队伍整体素质明显提升。

三年来，全市组织开展党员集中学习5万次，开展党日活动3.2万次，新发展党员2 483人，1 040个村达到"五好党支部"创建标准，夯实了党在农村的执政根基。2019年在全市农村评星定级工作中，有103个困难村被评定为五星村，453个村被评定为四星村。1 041个村实现了村级党群综合服务标准化建设、规范化管理全覆盖，累计接待办事群众74.4万人次，打通了便民服务"最后一公里"。2019年村均集体经营性收入30.8万元，较2016年帮扶前增长2.5倍；农民人均可支配收入2.43万元，较2016年帮扶前增长了30.3%。

四、产业兴旺推动强村富民

产业兴旺是实现农民增收、农业发展和农村繁荣的基础。天津市结对帮扶工作把实施产业帮扶、强化"造血"功能，作为困难村和农民群众稳定脱困、长久脱困的重要途径和治本之策，因地制宜、因村施策，结合村庄特色，利用村集体领办的合作社，发展壮大优势产业，培育主导产品，打造特色品牌，带动全村增收致富。

对于产业基础和资源优势较差的村，由区政府、镇政府统筹产业帮扶资金，利用区、镇特色产业优势，建设规模化、市场化、长效化的大项目、好项目，避免

资金使用碎片化,保障项目的长远发展和持续盈利。

天津市通过实施产业帮扶,立足镇、村区位优势、资源禀赋和产业基础,大力发展特色优势产业,实现因地制宜多样化发展。同时,探索创新村级合作经营、产业基地运营、龙头企业入股、农业企业带动、固定资产租赁、乡村旅游开发、社会服务收益、"互联网+"销售八大产业帮扶带动模式,发挥产业带动作用,壮大困难村集体经济。

驻村期间,笔者起草形成了村庄五年发展规划,积极探索产业帮扶新路径。结合村庄发展现状及资源禀赋,先后起草形成商业用房租赁项目、精品民宿项目、中心集市项目等多份调研报告(详见附录),最终确定推动河西商业广场商业用房租赁项目,以增加村集体固定资产,通过对外租赁收取租金,壮大村集体经济,促进农民增收致富。加强帮扶项目资金资产管理和监督,深入了解幼儿园、个体工商户等承租方需求,协调解决发展难题,保障村集体经营性收入稳定增长。为帮助解决困难群体生产生活实际问题,对低收入家庭、五保户、特殊困难户进行节日期间走访慰问,并在疫情期间捐赠防疫物资,让所有困难户都能感受到党的关怀和温暖。对符合政策的困难户实施危房修缮或翻建,让大家住有所居、安居乐业。

五、聚焦为民办事服务,提升治理水平

笔者运营了"多彩东蔡"微信公众号,实时动态更新东蔡庄村党务、村务、村情、重点工作等内容,并专栏推送党史学习教育相关内容,完成了为期一年的"党史日读"内容发布。该公众号在服务群众、宣传政策、接受群众监督、帮扶成果宣传等方面发挥了积极作用。此外,笔者还负责城乡居民基本医疗保险征缴服务工作等,组织无烟型煤需求汇总和配送工作,确保老百姓能够安全、清洁、温暖过冬。

三年来,天津市着眼实现乡风民风、人居环境、文化生活"三个美起来",扎实推进"文明村"建设,困难村全部达到区级及以上"文明村"创建标准。从着力解决制约困难村发展的短板弱项入手,按照"缺什么、补什么"的原则,扎实推进村庄基础设施和公共服务设施建设,实施"厕所革命"、饮水提质增效工程,落实人居环境整治三年行动,深入推进村庄清洁和绿化行动,打造美、净、宜、璞的

乡村风貌。常态化组织党群先锋队清理村内环境卫生,开展美丽宜居村庄和美丽庭院示范创建活动,实现村庄公共空间及庭院房屋、村庄周边干净整洁。

深入开展"平安村庄"创建工作,健全完善农村公共安全体系,调处化解群众矛盾纠纷1.7万件,处理信访积案686件,困难村全部达到"平安村庄"创建标准,农村社会治理社会化、法治化、智能化、专业化水平明显提升。在精准帮扶上,全面实施"筑基"工程,组织民政干部、驻村干部、村干部进村入户,进行全覆盖摸底排查,精准识别困难群体,逐户逐人建档立卡,从就业、住房、医疗、教育等各方面实施全面保障、精准帮扶,避免高楼大厦背后的贫民窟,确保帮扶兜住底、全面高质量小康不落一户一人。

市第十二次党代会报告中指出,要精心创建乡村振兴示范村,精准扶持经济薄弱村。深化东西部协作和支援合作,助力对口帮扶地区实现巩固拓展脱贫攻坚成果同乡村振兴有效衔接。第一书记和工作队已接好"接力棒",从跨越十年的帮扶实践中汲取宝贵经验,深入田间地头,走进农户家中,在"精准"上下功夫,聚焦党组织建设、基础设施建设、村庄产业发展、村集体和农民收入、乡村治理水平等多个方面,分析村庄发展实际需求,制定有针对性的扶持措施,做到压茬推进、因地制宜、对症下药,凝聚起新时代新征程推进乡村振兴的磅礴力量。

附录 1

河西商业广场商业用房租赁项目可行性研究报告

第一章 项目提要

一、项目名称

河西商业广场商业用房租赁项目

二、项目主体

天津市蓟州区上仓镇东蔡庄村村民委员会

三、项目地点、规模、内容及投资情况

（一）项目地点

天津市蓟州区上仓镇河西商业广场 7 号楼

（二）项目规模

11 套商业用房（每套两层，附表 1），建筑面积约 1 290 平方米。

（三）项目内容

东蔡庄村出资收购商业用房并管理经营，上仓镇政府兜底保障，实现村集体经营性收入达到 20 万元以上的目标。

（四）投资规模及资金构成

项目总投资 400 万元，全部由天津市住房和城乡建设委员会（东蔡庄村结对帮扶单位）直接投资。

第二章 项目背景及运营方式

一、项目背景

（一）政策背景

2020 年是全面建成小康社会收官之年。为贯彻落实习近平总书记精准扶贫、精准脱贫重要指示精神和市委、市政府《关于开展结对帮扶集体经济薄弱村工作的实施方案》要求，按照全市新一轮结对帮扶工作统一安排部署，为用足用好帮扶资金，发挥产业帮扶最大效益，经过上仓镇党委、政府、市住房和城乡建设委员会驻村工作队共同研究，结合东蔡庄村实际，立足区位优势、资源禀赋和产业基础,提出了河西商业广场商业用房租赁项目,即由东蔡庄村收购上仓镇河西商业广场商业用房 11 套,打造可持续发展的商铺出租产业项目,发展壮大村集体经济。

(二) 项目情况

河西商业广场位于东蔡庄村北、仓桑路以南、原东塔化纤棉厂以西、上仓镇河西小学以东,占地面积 50.3 亩,属于建设用地。

2014 年,为快速发展市场经济,上仓镇政府引进天津市光大惠家超级市场管理有限公司对上仓镇食用菌产地批发市场(即今河西商业广场坐落位置)进行提升改造和有偿管理使用。2017 年,由于拖欠上仓镇政府 1 260 万元不能偿还,天津市光大惠家超级市场管理有限公司将 26 套商业用房(无国家房管部门颁发的产权证)抵顶给上仓镇政府,均价约 48 万元。其中已售出 2 套,上仓镇政府拟从剩余 24 套商业用房中选取 11 套出售给东蔡庄村,房屋面积为 114—123 平方米。

二、运营方式

根据上仓镇产业项目发展现状,按照"政策引导、社会参与、市场运作、政府兜底"的原则,东蔡庄村与上仓镇政府签订产业帮扶项目协议,明确双方权利义务。东蔡庄村出资 400 万元收购 11 套商业用房(由镇政府引进营建商进行建设),上仓镇政府将 11 套商业用房权属划转给东蔡庄村。

东蔡庄村取得房屋所有权和收益权,对 11 套商业用房统一管理和经营(招租),上仓镇政府做好配合服务工作。上仓镇政府确保东蔡庄村年收益不低于 20 万元,不足部分由镇政府补足,作为村集体经营性收入。

第三章 项目优势效益分析

一、项目优势

(一) 区位交通优势

河西商业广场位置优越,交通便利。广场位于上仓镇核心地段,紧邻仓桑公路与 S1 津蓟高速上仓出口,毗邻上仓镇驴餐饮文化区、程家庄北方江南景区、州河产业园,辐射青甸洼万亩荷塘生态观光园、杨津庄国色天香牡丹园、杨家门府老仙坐堂、中国北方植物园等地消费者。商业广场位于东蔡庄村内,可优先发展本村有意愿的村民承租经营,让产业项目真正做到便民惠民。

（二）特色资源优势

河西商业广场土地属于东蔡庄村村集体建设用地。2008年,上仓镇政府统一承包经营土地。近年来,借助镇政府的开发与开发商的提升改造,河西商业广场快速发展,吸引了大量租户入驻。按照因地制宜、就地取材的思路,本项目为村集体留下了固定资产,既可以在短期内实现村集体经营性收入达到20万元的目标,又可以带动本村劳动力就业,增加本村村民的人均可支配收入,进而实现由"靠地吃饭"到"靠产业吃饭"、由"输血"到"造血"的转变。

（三）发展前景优势

近几年,得益于镇域经济圈的辐射带动作用、积极合理的招商策略与多元化的经营思路,河西商业广场的知名度和影响力大幅提升,商业用房的租赁价格也随着市场发展逐年上升。据初步统计,河西商业广场部分商铺的月租金已经由8 000元上浮至15 000元以上。

（四）政策支持优势

本项目由上仓镇政府担保,保证项目的安全性和可行性。上仓镇政府通过加强政策配套和宣传引导,依托州河产业园区、镇域企业、平原旅游等资源,利用电视广播、报纸广告、自媒体平台等渠道,创新推广模式,加大宣传力度,确保收益最大化。

二、项目效益

（一）经济效益

上仓镇河西商业广场商业用房租赁项目总投资400万元,村集体年收益保守估计可达20万元,年收益率不低于5%。后期村集体可视经营情况进一步改扩建或提升改造,实现自主经营、产业化运营。本项目既增加了东蔡庄村的固定资产,又盘活了上仓镇政府的集体资产,同步实现了产业帮扶目标。每年收取的租金可用于解决困难户的实际问题,带动村民收入增长,达到村集体经营性收入和村民人均可支配收入"双增"的目标。

（二）社会效益

目前,周边商铺主要沿仓桑公路两侧分布,商业业态较为零散,整体档次较低,难以形成有影响力的商业街区。河西商业广场的建设目标是打造商业综合体,将多业态多业种复合,集购物、休闲、娱乐、餐饮等各种商业功能于一体,为消费者提供一站式消费。同时,立足驴餐饮文化区,面向周边五个镇,满足百余个村庄中居住百姓的消费需求。

综上所述,本项目的建设是必要和可行的,建议批复实施。

附表1 具体楼牌号及建筑面积表

序号	楼号	房间号	房屋面积/平方米	备注
1	7号楼	7-14	122.92	
2	7号楼	7-15	114.2	
3	7号楼	7-17	114.2	
4	7号楼	7-18	114.2	
5	7号楼	7-19	114.2	
6	7号楼	7-20	114.2	
7	7号楼	7-21	122.92	
8	7号楼	7-22	117.56	
9	7号楼	7-23	117.56	
10	7号楼	7-24	119.24	
11	7号楼	7-25	119.24	

附录 2

东蔡庄村精品民宿项目可行性研究报告

第一章 项目提要

一、项目名称

东蔡庄村精品民宿项目

二、项目主体

天津市蓟州区上仓镇东蔡庄村村民委员会

三、项目地点、规模、内容及投资情况

（一）项目地点

天津市蓟州区上仓镇东蔡庄村内。

（二）项目规模

占地面积约 625 平方米。

（三）项目内容

东蔡庄村结合日间照料中心设施，改造升级原党群服务中心，以收取住宿费的形式增加村集体收入，救助边缘困难户。

（四）投资规模及资金构成

项目总投资 20 万元，全部由天津市住房和城乡建设委员会（东蔡庄村结对帮扶单位）直接投资。

第二章 项目背景及运营方式

一、项目背景

（一）政策背景

2020 年是全面建成小康社会收官之年，脱贫攻坚到了最后总攻阶段。为深入贯彻落实习近平总书记在决战决胜脱贫攻坚座谈会上的重要讲话精神，确保实现高质量小康社会建设目标，市住房和城乡建设委员会站在增强"四个意识"、坚定"四个自信"、做到"两个维护"的高度，以强烈的政治责任心和历史紧迫感加快推进困难村帮扶工作，在常态化疫情防控中，力争全面完成各项帮扶

目标,向党和人民交上合格答卷。

为全力做好结对帮扶困难村工作,上仓镇党委、政府、市住房和城乡建设委员会驻村工作队共同研究,结合镇村实际,立足区位优势、资源禀赋和产业基础,提出了可持续发展的东蔡庄村精品民宿项目,即通过发展民宿产业,收取服务费用,发展壮大村集体经济,救助村内困难群体。

(二)项目情况

当前,乡村旅游已成为城乡居民日常和节假日常态化的消费方式。旅游消费的转型升级及游客出行偏好的变化,为乡村民宿发展提供了良好的市场基础。多年来,蓟州区传统的乡村住宿一直以农家乐的方式居多。然而,实际效果却不尽如人意,个别农家乐坐地起价的行为给当地旅游贴上了负面标签,卫生、交通、服务意识等方面的短板,影响游客出行决策与对农家乐的满意度,最终阻碍了乡村旅游消费的持续健康发展。

东蔡庄村以挖掘特色、服务发展、规范经营为方向,利用村委会旧址与空闲房屋,结合民俗人文、自然景观、生态环境及农林牧生产活动,为郊游或度假市民提供个性化住宿,使消费者感受返璞归真的乡村生活及高品质的专业服务。为发展扶智、扶志相结合的扶贫开发新业态,东蔡庄村秉持精准帮扶、乡村振兴的发展理念,积极解决边缘困难户生产生活的实际问题,切实提升群众的获得感和幸福感。

二、运营方式

本项目占地面积约 625 平方米,其中建筑面积约 325 平方米,配套设施(停车区、出入口等)占地面积 300 平方米。目前,有项目房屋 4 间,计划新建 1 间,进而达到客房 4 间、公共用房 1 间的标准。

以每间房每日收取住宿服务费 100 元、满客率 50% 计算,可收取月住宿费约 6 000 元,年约 7 万元。从市场实际情况来看,住宿服务费、满客率高于上述估算值。

本项目实施进度如下:

2020 年 5 月,前期工作启动,为配套基础设施建设阶段。

2020 年 6 月,试运营阶段。东蔡庄村自行经营或与专业服务团队签订委托管理合同。镇政府积极引导消费者入住并配合宣传推广工作。

2020年7月,东蔡庄村精品民宿正式投入使用,产生可观收益。村委会决定每年从项目收益中列支3万元专项资金,固定用于救助边缘困难户。以2020年6户边缘困难户为例,户均收益将达到5 000元。

第三章 项目优势效益分析

一、项目优势

(一)区位交通优势

本项目位置优越,交通便利。项目地位于上仓镇核心地段,紧邻仓桑公路与S1津蓟高速上仓出口,毗邻上仓镇河西商业广场、驴餐饮文化区、程家庄北方江南景区、州河产业园,辐射青甸洼万亩荷塘生态观光园、杨津庄国色天香牡丹园、杨家门府老仙坐堂、中国北方植物园等地消费者。本项目位于东蔡庄村域内,可以通过产业项目真正做到便民惠民。

(二)特色资源优势

本项目土地属于东蔡庄村村集体用地。东蔡庄村干部增收愿望强烈、积极性高,村民迫切要求项目早日实施,实现脱贫致富。按照因地制宜、就地取材的思路,本项目既为村集体留下了固定资产,增加了村集体经营性收入,又可带动本村劳动力就业,增加本村村民的人均可支配收入,进而实现由"靠地吃饭"到"靠产业吃饭"、由"输血"到"造血"的转变。

(三)发展前景优势

东蔡庄村精品民宿立足驴餐饮文化区,面向周边五个镇,可满足百余个村庄中居住百姓的接待消费需求。在做好乡村基础设施建设和公共环境整治的基础上,东蔡庄村可以进行多元化发展。上仓镇政府积极配合宣传引导,利用电视广播、报纸广告、自媒体平台等渠道,创新推广模式,加大宣传力度,确保收益最大化。

二、项目效益

(一)经济效益

项目总投资20万元,村集体年收益预计可达7万元,年收益率不低于35%。村集体收益优先用于解决边缘困难户的实际问题,将3万元专项资金固定用于救助边缘困难户,剩余收益视村集体建设发展需要经决策程序统筹安排,从而达到村集体经营性收入和农民人均可支配收入"双增"的目标,让群众有更多的获得感、幸福感、安全感。后期村集体可视经营情况进一步改扩建或提升改造,实现自主经营、产业化运营,使民宿产业进一步活起来、旺起来。

(二)社会效益

民宿扶贫可以带动蓟州区旅游业的发展,建立良好的产业生态系统,从而实现减贫脱困。通过民宿集群的带动效应,可释放民宿在促进传统村落保护、美丽乡村建设方面的功能,加快乡村振兴,助推乡村经济高质量发展。东蔡庄村也可以民俗为依托,搭建各种平台渠道,进行多元化发展。如凭借民俗风情或农业节会等开展相关活动,既可丰富游客体验,延长住宿时间,又可让更多村民,尤其是低收入人群,根据自身所长吃上"旅游饭",提高收入水平。

综上所述,本项目的建设是可行的,建议批复实施。

附录 3

东蔡庄村中心集市项目可行性研究报告

第一章 项目提要

一、项目名称

东蔡庄村中心集市项目

二、项目主体

天津市蓟州区上仓镇东蔡庄村村民委员会

三、项目地点、规模、内容及投资情况

（一）项目地点

天津市蓟州区上仓镇东蔡庄村内。

（二）项目规模

占地面积 16 000 余平方米。

（三）项目内容

东蔡庄村收购整理土地，以收取摊位租金的形式增加村集体收入，镇政府配合引导商贩入驻。

（四）投资规模及资金构成

项目总投资 30 万元，全部由天津市住房和城乡建设委员会（东蔡庄村结对帮扶单位）直接投资。

第二章 项目背景及运营方式

一、项目背景

（一）政策背景

2020 年是全面建成小康社会收官之年，脱贫攻坚到了最后总攻阶段。为深入贯彻落实习近平总书记在决战决胜脱贫攻坚座谈会上的重要讲话精神，确保实现高质量小康社会建设目标，市住房和城乡建设委员会站在增强"四个意识"、坚定"四个自信"、做到"两个维护"的高度，以强烈的政治责任心和历史紧迫感加快推进困难村帮扶工作，在常态化疫情防控中，力争全面完成各项帮扶

目标,向党和人民交上合格答卷。

为全力做好结对帮扶困难村工作,上仓镇党委、政府、市住房和城乡建设委员会驻村工作队共同研究,结合镇村实际,立足区位优势、资源禀赋和产业基础,提出了可持续发展的东蔡庄村中心集市项目,即由东蔡庄村收购整理土地,收取摊位租金,进而发展壮大村集体经济。

(二)项目情况

农村集市是农民生产生活物资来源的重要渠道。但是,组织化程度低、经营方式粗放的农村集市,存在设施简陋、环境较差、收益不佳的问题,甚至会出现抢占摊位、乱设摊点、占路经营等现象,既损害群众切身利益,又影响镇村形象,成为美丽乡村建设的短板和城镇管理的难点。改造提升农村集市是大势所趋、民心所向。

东蔡庄村以培育市场、服务发展、规范经营为方向,通过收购整理村内土地,吸引附近的集市商贩入驻并收取租金、统一管理,增加村集体收入,方便村民生活,切实提升群众的获得感和幸福感。目前,项目土地分散在各家各户,并种有零星作物。东蔡庄村拟收回土地进行整合,现已开展入户洽谈工作。

二、运营方式

本项目占地面积 16 000 余平方米。摊位占地面积 6 000 平方米,配套设施(停车区、内部道路、出入口等)占地面积 10 000 余平方米。

以集市每个摊位长 2 米、宽 2 米(即 4 平方米)计算,可建设 1 500 个摊位。计划初步建设蔬菜、水果、肉类、服装等各种摊位 1 000 个,远期预留 500 个摊位。

以每个摊位每日收取 2.5 元租金、每月出摊 6 天、出摊率 50% 计算,全部摊位可收取日租金 1 250 元,月租金 7 500 元,年租金 9 万元。从市场实际情况来看,每月出摊频率、出摊率均高于上述估算值。

本项目实施进度如下:

2020 年 4 月至 5 月上旬,入户洽谈、土地征收阶段。

2020 年 5 月中旬,配套基础设施建设阶段。完成场地平整、设施建设、摊位划分。

2020 年 5 月下旬至 6 月中上旬,试运营阶段。东蔡庄村与镇政府签订中心集市委托管理合同,镇政府积极引导集市摊贩入驻并配合摊位招商的宣传推广工作。

2020年6月下旬,东蔡庄村中心集市正式投入使用。

第三章 项目优势效益分析

一、项目优势

（一）区位交通优势

本项目位置优越,交通便利。本项目位于上仓镇核心地段,紧邻仓桑公路与S1津蓟高速上仓出口,毗邻上仓镇河西商业广场、驴餐饮文化区、程家庄北方江南景区、州河产业园,辐射周边数十个村庄的消费者。项目地位于东蔡庄村域内,方便农村消费者,承续传统乡村生活,真正做到便民惠民。

（二）特色资源优势

本项目土地属于东蔡庄村村集体用地。东蔡庄村干部增收愿望强烈、积极性高,村民迫切要求项目早日实施,实现脱贫致富。按照因地制宜、就地取材的思路,本项目既为村集体留下了固定资产,增加了村集体经营性收入,又可带动本村劳动力就业,增加本村村民的人均可支配收入,进而实现由"靠地吃饭"到"靠产业吃饭"、由"输血"到"造血"的转变。

（三）发展前景优势

近些年,得益于镇域经济圈的辐射带动作用,上仓集市与河西集市的影响力大幅度提升,成为农村精神文化生活不可或缺的组成部分。许多固定商贩、流动摊贩早起出摊,周边数十个村庄的村民都会慕名而来。依照惯例,每月逢初三、初八、十三、十八、二十三、二十八,河西集市沿仓桑支路两侧长达1.5千米的范围内会分布有八九百家商贩。每月逢初五、初十、十五、二十、二十五、三十,上仓集市沿津围公路东侧长约1千米的范围内会分布有二三百家商贩。如果建成中心集市,做好流动摊贩疏导工作,预计可新增1 000余个摊位,满足万余村民的赶集需求。

（四）政策支持优势

中心集市的建成和投入使用,解决了占道经营、以路为市、出行困难等问题,不仅提升了人居环境质量,而且促进了农村商贸流通和农民增收致富。上仓镇政府积极配合宣传引导,利用电视广播、报纸广告、自媒体平台等渠道,创新推广模式,加大宣传力度,确保收益最大化。同时,抓细抓实市场监管工作,推行"集长制"与集市监管志愿者服务,避免产生"店外店、摊外摊"的现象,全面提升镇域集市环境面貌。

二、项目效益

(一)经济效益

项目总投资30万元,村集体年收益预计可达10万元,年收益率不低于33%。后期村集体可视经营情况进一步改扩建或提升改造,实现自主经营、产业化运营,使集市进一步活起来、旺起来。每年收取的租金可用于解决边缘困难户的实际问题,带动农民收入增长,达到村集体经营性收入和农民人均可支配收入"双增"的目标,让群众有更多的获得感、幸福感、安全感。

(二)社会效益

农村集市属于微利行业,大多规模小、效益差,市场经营秩序较混乱,干湿、生熟不分离,基础设施不完善,交通动线不规整,摊位混杂。东蔡庄村中心集市的部分收益可用于市场管理、设施完善及环境改造。集市的规范提升,既可搞活经济,又可服务百姓,进一步推进乡村振兴战略实施,助推乡村经济高质量发展。

东蔡庄村中心集市立足驴餐饮文化区,面向周边五个镇,可满足百余个村庄中居住百姓的消费需求,是抓好"菜篮子""米袋子",满足村民生活需求的典范,也是美丽乡村建设和城镇管理的亮点。

综上所述,本项目的建设是可行的,建议批复实施。

用好"起承转合"让乡村发展有"梦"有"戏"

张晓华　熊君玥　杨玉娟

作者简介

张晓华,北京大学城市与环境学院2021届硕士毕业生,现就职于中华人民共和国生态环境部,2022—2024年于江西省抚州市挂职。

熊君玥,北京大学文化传承与创新研究院(抚州)科创开发部副主任。

杨玉娟,北京大学文化传承与创新研究院(抚州)执行院长。

摘　要: 习近平总书记指出,高等院校有责任也有能力发挥人才、科技、文教优势,自觉担负起服务乡村振兴的历史使命。作为北京大学与江西省抚州市人民政府合作共建的研究型市直事业单位,北京大学文化传承与创新研究院(抚州)以"起"于初心、传"承"文化、"转"变思路、聚"合"力量为脉络,在开展专项课题研究建设、推动优秀传统文化创造性转化与创新性发展、探索文化创意赋能乡村振兴的创新模式、开展人才培养与招才引智建设等方面开展了一系列创新工作,为校地合作赋能乡村振兴建立起可供参考的经验模式。

关键词: 校地合作;乡村振兴;文化产业;智库平台;传统村落保护;文化产业特派员

"远色入江湖,烟波古临川",江西省抚州市被誉为"才子之乡、文化之邦",孕育了以王安石、曾巩、汤显祖、陆九渊等为代表的才子词人、儒学名家。在这片本就充满了诗意才情的土地上,文人墨客留下了无数经典的名篇佳句,扎根在抚州的北京大学文化传承与创新研究院(以下简称北大抚州创新研究院),利用校地合作模式主动融入当地经济社会发展和乡村振兴工作中,为地方提供了强有力的科技、人才和智力支撑,在这片土地上创作出新时代乡村振兴的"新文章"。

"起"于初心,校地合作共建新型智库

"抚州,一个有梦有戏的地方",走进抚州的大街小巷,映入眼帘的便是这一条极富特色与韵味的城市宣传口号。"中国戏曲之都"是抚州传递给世界的名片,在这里,被誉为"东方莎士比亚"的汤显祖留下了《临川四梦》这样的伟大作品,"有梦有戏"这个从万千网友中征集出来的口号,也早已成为抚州最显著的特质,滋养着抚州人的精神家园,潜移默化地影响和塑造着抚州的城市性格。

"有梦就是有理想,有戏就是有希望。"一往情深四百年,依托深厚的历史文化底蕴,抚州不断探寻着历史和现实的契合点。对于"梦"的理解,早已超越了《临川四梦》里寄托的对人性美好的向往,而变为了一种对于抚州美好发展未来的期待与追求。"有戏"也取了双关的巧妙,给予奋斗在这片土地的人民以盼头,也赋予入驻这座城市的探索者们成功的彩头。作为北京大学与江西省抚州市人民政府合作共建的综合型新型智库和研发机构,北大抚州创新研究院便是这里的"造梦者"与"追梦者"之一。

若要探寻校地合作助力区域发展与乡村振兴的源头,可以追溯至 2012 年。《教育部 科技部关于开展高等学校新农村发展研究院建设工作的通知》发布,教育部、科技部组织高校积极响应和落实党中央、国务院关于社会主义新农村建设的重要决策部署。自此,全国各大高校开始积极探索农科教、产学研相结合的新型服务模式,形成了科教兴农的强大合力,在推进新农村建设与精准扶贫工作中发挥了重要作用,为新时代乡村振兴战略的实施积累了宝贵的实践经验和人才基础。2018 年,在参加十三届全国人大一次会议山东代表团审议时,习近平总书记指出,高等院校有责任也有能力发挥人才、科技、文教优势,自觉担负起服务乡村振兴的历史使命,同年《乡村振兴战略规划(2018—2022 年)》出台。为落实党中央、国务院关于乡村振兴和农业农村优先发展的系列部署,

教育部研究制定了《高等学校乡村振兴科技创新行动计划（2018—2022年）》（以下简称《行动计划》），组织和引导高校深入服务乡村振兴战略，发挥高校在人才培养、科学研究、社会服务、文化传承创新和国际交流合作等方面的重要作用。《行动计划》进一步为高校深入服务乡村振兴战略指明了前进方向，明确了战略目标。在新时期乡村振兴战略实施过程中，如何深化校地合作、创新合作机制、实现多方共赢，成为高校与地方共同关注的焦点。

乡村振兴是包括产业、人才、文化、生态、组织在内的全面振兴。一方面，三产融合发展水平低、"三农"人才缺口大、乡村文化软实力弱、生态保护重视程度低等，是地方乡村振兴战略实施过程中存在的痛点与短板，迫切需要高校为其输送优秀人才、提供科技支撑、共享优质资源；另一方面，高校的发展并不是脱离社会孤立存在的，不仅高校的外延式发展离不开地方土壤，高校的人才培养模式创新、特色学科凝练、科研成果转化、办学质量与水平提升、社会影响力扩大等内涵式发展，同样也离不开地方相关资源的支撑。

《行动计划》提出，要"使高校成为乡村振兴战略科技创新和成果供给的重要力量、高层次人才培养集聚的高地、体制机制改革的试验田、政策咨询研究的高端智库"。作为校地合作的积极尝试，2020年7月，北京大学与江西省抚州市人民政府合作，共同在抚州市临川区梦湖之中的梦岛上，建立了北大抚州创新研究院。早在2016年，北大教授、著名哲学家张世英先生来到抚州调研时，就有感于抚州深厚的人文底蕴以及在中国历史文化中的独特地位，提议北大可以与抚州合作建设文化研究院，共同推动中国文化的传承创新。在双方的共同努力下，四年后，北大抚州创新研究院正式挂牌成立。作为研究型市直事业单位，北大抚州创新研究院依托抚州地方资源优势，有机整合北大和社会各界的智力资源、人才资源，按照"小平台、大网络、超链接、强应用"的建设理念，打造高端化、高能级的协同创新平台，充分发挥"思想库、项目库和人才库"的智库功能，在抚州积极探索技术转化与成果落地，培育相关产业高质量发展新业态。

要想在才子之乡写好校地合作助力乡村振兴这篇大文章，掌握好"文脉"是其中关键。元代范德机《诗格》有云："作诗有四法，起要平直，承要舂容，转要变化,合要渊永。"北大抚州创新研究院充分把握"起承转合"之法,秉持着高校服务社会进步与地方发展的初心使命"起而行之",在北大未名湖与抚州梦湖间,建立起文化传承与创新发展的新桥梁,努力成为文化传承与创新的先导、现代治理文化研究的前沿、国际文化融通交流研究的高地、促进北大开放办学的窗口和加快抚州区域发展的重器。

传"承"文化,发扬优势赋能乡村发展

高质量的经济发展,能为乡村振兴夯实坚固的发展地基,也是乡村振兴战略的中心任务。抚州拥有浓厚的文化蕴涵和优美的生态环境,如何充分发挥现有优势,在规划发展方案时从自身优势与资源入手,以文化产业"加速器"助力乡村振兴,赋能地方发展?深入挖掘中华优秀传统文化的思想观念和人文精神,利用抚州文化积淀深厚、非物质文化遗产和乡村民俗众多的优势,实现产业落地和赋能的使命,把艺术创造力和中华文化价值融合起来,把中华美学精神和当代审美追求结合起来,实现创造性转化、创新性发展,是北大抚州创新研究院给出的答案。

被称为"东方莎士比亚"的明代剧作家汤显祖创作的《临川四梦》享誉世界。早在2015年10月,习近平主席访问英国期间,就提议中英两国共同纪念莎士比亚、汤显祖这两位文学巨匠。自此,作为可以与世界对话的中国历史文化符号,海内外刮起了一股"汤显祖文化风"。北大抚州创新研究院充分利用抚州的文化积淀,积极探索《临川四梦》中的传统梦文化,以《临川四梦》中有关梦的话语和场景描写作为研究对象,创作出《新临川四梦》沉浸式戏剧。《新临川四梦》结合汤显祖的人生经历和创作情怀,通过数字媒体科技创新创作形式,将《紫钗记》《牡丹亭》《邯郸记》《南柯记》四个梦与当代人的四种共通的欲望相对应,以被人举报的公司高管赵博雅、爱而不得的女演员李欣怡、到处举债的王英爽和职场受挫的有志青年徐坚四位现代人物为主角,在梦境虚拟人物汤翁的引领下,来到"造梦研究所"进入"临川四梦"虚拟世界,与汤翁共赴一场心灵的冒险之旅。随着故事的徐徐展开,四位主人公内心执着的问题,也逐渐

有了答案。

2021年10月,由中共抚州市委宣传部、抚州市文化广电新闻出版旅游局、北大抚州创新研究院联合主办的第二届中国抚州数字文创季在梦湖环绕的梦岛举行,同时沉浸式园林版《新临川四梦》首次进行了展演。根据梦湖景区的实际建筑景观,结合梦岛明代建筑的古朴风格,《新临川四梦》打造了定制化、低成本的演出场景,将传统戏剧文化与现代数字科技融合,并和数位交互技术进行创意融合,舞台与演出的融合让观众得以通过"五感"体验戏剧。演员化作陪伴主演同行的探梦人,与观众近距离互动,带领其迅速"入戏",增强身临其境的代入感,深入浅出地剖析《临川四梦》中的文化意蕴,引导人们重新认识中国的梦文化(图1)。在一个小时的游岛过程中,观众既能充分了解《临川四梦》的传统故事,又能在故事中观照自己的现实人生。

图1 《新临川四梦》创新演出方式带领观众身临其境"入戏"

2022年5月,《新临川四梦》成功入选中国文联2022年度青年文艺创作扶持计划资助项目。中国戏剧家协会给予《新临川四梦》高度评价和大力帮助,邀请相关专家及北大抚州创新研究院创作团队对作品剧情结构、舞美呈现形式、戏剧演绎细节等进行了多次完善提升,并首创性地将数字人元素融入作品中,这是戏曲艺术挺进元宇宙领域的新尝试,也为传统文化的发展加入了数字科技的魅力。数字人"州小抚"(图2)秉承抚州文化承古开新的精神密码,展示了新时代文化工作者固守根本又勇于创新的精神品质,作为人格化的抚州艺术的一部分,打通了物理世界和虚拟世界交互的重要入口,链接了戏曲艺术与当代观众沟通的新方式,为这一中国传统艺术形式在年轻群体中找到了传播突破口,进一步拓宽了观众对《临川四梦》的精神世界的探索。

图2 数字人"州小抚"能够与观众实时互动

《新临川四梦》演出期间,北大抚州创新研究院还结合"游园听梦""造梦研究所"等IP①,开发出了一系列周边文创产品,并搭建文创市集平台(图3),推广、售卖文创产品与抚州各县区非物质文化遗产特色产品。现代文创和本地文化相结合,不仅推动了抚州本地文化的发展,实现经济和文化双丰收,而且紧跟时代潮流,充分给予消费者舒适的消费环境,体现出较高的设计和观赏价值,进一步提升了城市旅游形象,为文化传播与延伸创造了新的载体。

---

① IP全称为intellectual property,本意指知识产权,现多用来代指企业或其某个品牌在市场上和社会公众心中所表现出的个性特征,体现公众特别是消费者对品牌的评价与认知。

图 3 围绕 IP 开发周边文创产品,搭建文创市集平台

以梦为媒,穿越时空,《新临川四梦》通过沉浸式的演出形式为观众构建出一个又一个理想之境。轻资产、高概念、强体验、可拓展的特点,为戏剧落地成为常规演出项目打下了坚实的基础。《新临川四梦》的创作,切实加强了抚州当地的戏曲保护传承,更有力推动了地方戏曲实现薪火相传、推陈出新。

除了深厚的戏剧文化底蕴,抚州还孕育了丰富多彩的非物质文化遗产和乡村民俗。散布在各地的古村落是反映抚州临川文化的重要载体,也是抚州独有千秋的资源。这些古村落分布广、数量多,绝大多数都从宋代沿革至今,格局保留完好,集中体现了赣东地区的地域特性,彰显出浓郁的地方色彩。据不完全统计,抚州境内保存有历史建筑的村落共 2 000 余个,风貌和格局都保存完整的古村落有 200 余个,保存质量较好的传统民居共万余座。截至 2020 年底,抚州市域范围内共有各级历史村镇 132 个,这使得抚州成为江西乃至全国历史村镇遗存最为丰富的地区之一。2022 年 1 月,在国家历史文化名城指定工作推行 40 周年之际,抚州市获批为江西省第 5 座、全国第 139 座国家历史文化名城,这是国家对抚州历史文化在中华文化中所占地位的高度肯定。

乡村文明是中华民族文明史的主体,村庄则是乡村文明的重要载体。传统村落传承的独具地域特色的乡土文化,是当下实施乡村振兴战略的主要抓手之一,也是运用优势视角推进乡村振兴战略不可忽视的资源与力量。保护和利用好传统村落,对于留存乡村记忆、保护农村生态、拓展农业形态、建设乡村精神文明具有重要意义。国家历史文化名城是抚州历史文化遗产保护传承与弘扬事业进程中的"金名片",对于新时代加快推进抚州文化事业繁荣,推动文化产业高质量发展,具有重要的现实意义和实践价值。但在利用传统村落做好非遗文化保护、发展乡村旅游过程中,抚州也面临着现实难题。

目前,我国传统村落保护绝大多数还是依靠自上而下的管理模式,主要依靠专家指导、政府出资和专业技术支持等方式展开,广大村民很少真正有效地参与到传统村落保护工作中。抚州从商风气较为盛行,村民中的年轻劳动力大多选择外出就业创业,"空心村""老年村"现象较为普遍。伴随近年来江西省文化产业的较快发展,人民的文化消费能力虽然得到了显著增强,但在文化消费中,非物质文化遗产消费水平增长相对缓慢,这使得非物质文化遗产消费市场在短时间内难以形成和释放。同时,政府在政策扶持和法规建设等方面的不足,也在一定程度上阻碍了传统村落非物质文化遗产保护和合理利用的步伐,在产业开发利用方面,难以引入相关文化企业主体和社会资本。

人民群众是发展成果的受益者,更应当成为美丽乡村的自主创造者。现阶段,促进和推动村民参与,积极引入社会资本参与非物质文化遗产保护和利用工作,是传统村落保护和利用的核心要求所在。只有充分发挥村民主动的"强引擎"作用并让村民成为传统村落保护的主体,引导社会力量积极合作参与,才能从根本上实现传统村落的永续保护和利用。2021年8月,"古村遗产与可持续发展"主题峰会在北京大学、江西省抚州市金溪县线下分会场和线上会场同步召开,峰会针对古村落保护、创意赋能、文旅融合等多个方面,邀请不同领域的专家学者和当地管理者,为探求抚州古村落可持续发展规划与策略建言献策。2022年2月,在中共抚州市委宣传部指导下,北大抚州创新研究院在北京大学及抚州线上线下同步召开了抚州国家历史文化名城保护与发展研讨会,以"抚州国家历史文化名城保护与发展的创新机制、路径和策略"为主题,邀请政府有关部门、各领域专家学者和相关企业共同探讨抚州历史文化创新发展模式,为抚州历史文化名城建设工作的开展打开了新的思路。

在此基础上,北大抚州创新研究院联合抚州市有关单位及南京航空航天大学艺术学院等,共同组成调研团队,通过查阅资料、实地走访调研、发放调查问卷等形式,对抚州市传统村落保护和利用现状进行了深入调查,提出了全面保护、系统设计的传统村落保护和开发利用路径:加大保护和利用传统村落的政策、项目和资金支持力度;合理挖掘利用传统村落的历史、文化、科学、艺术、社会和经济价值;以乡土教育为重要内容,挖掘村落历史环境遗存的故事感、情绪感;通过文旅结合等业态重构,重启村落内源发展动力,形成保护和利用的良性循环;大力发展乡村旅游、康养度假、非遗文创等特色产业,实现静态保护向活态传承转变,存续和弘扬传统村落优秀文化。相关研究成果集结成《乡土记忆——抚州传统村落保护利用与社区参与》一书,于2022年9月正式出版。

文化产业赋能乡村振兴,既实现了"承前",即传承乡村农耕文明,保护乡村文化遗产,重建乡土文化生活,又做到了"启后",即通过文化产业打造乡村特色经济。通过不断挖掘、提升乡村的人文价值,增强了乡村审美韵味,丰富了农民精神文化生活,从而实现了乡村的全面发展。北大抚州创新研究院以文化产业助力乡村振兴,不仅使抚州本土文化的精髓得以原汁原味地保留,而且为地方文化产业发展模式提供了重要参考借鉴。

"转"变思路,凝聚合作实现多方共赢

除"中国抚州数字文创季"外,近年来,北大抚州创新研究院还持续孵化了"抚墨丹青·艺绘神州""北大抚州文化大讲堂"等广受公众好评的品牌活动。其中,"抚墨丹青·艺绘神州"活动作为北大抚州创新研究院策划发起的纯文艺公益品牌,自2020年起已经先后举办了三届。该活动围绕书画、影像、音乐、舞蹈、设计等不同的艺术形式,邀请行业内专业创作者开展采风创作和作品展映,运用艺术采风、创作孵化的形式推出优秀文艺作品、推广抚州文化,加强抚州影响力、传播力。

2020年,首届"抚墨丹青·艺绘神州"活动邀请北京大学30位优秀艺术家前来抚州,开展了为期十天的采风写生之旅,创作成果进行了集中展示,并选出82幅精品书画进行展览与永久收藏,取得了良好的社会反响。2021年,北大抚州创新研究院邀请来自中央美术学院、中国美术学院、北京电影学院等9所艺

术专业高校的35位青年影像艺术才俊,分别前往抚州市临川区、金溪县、资溪县、乐安县、宜黄县、南丰县、黎川县等地的乡村进行为期五天的深入采风创作,用创意视频的形式讲好抚州故事,传播抚州传统文化的独特魅力。

除了邀请文化工作者前往抚州实地采风、传播抚州文化外,北大抚州创新研究院同时争取到了北大的远程支持。在北大艺术学院、文化产业研究院的推动和教务部的支持下,艺术学院开设了"创意管理学"课程。该课程设有16个专题,不仅从学术理论层面讲授创意管理、创意思维、创意营销、创意产权相关知识,而且结合实践和案例讨论,邀请业界和学界的企业家、专家就艺术与文旅创意运营等进行理论和案例分析。课程同时作为2022年第三届"抚墨丹青·艺绘神州"青年艺创人才公益扶持计划的重要组成部分,要求选修课程的同学围绕江西抚州的特色文化资源,进行实操性的创意项目策划和运营实践探索(图4)。选修课程的同学分为6个小组,结合课程所学理论,借鉴成熟的商业项目,以流坑古村、王安石故里、汤显祖纪念馆、南丰傩舞和南城乡土为对象,利用创意思维和产品思维,为当地文化资源创新发展提出了可供参考的设计案例。

图4 第三届"抚墨丹青·艺绘神州"青年艺创人才公益扶持计划成果展暨 2022年创意管理学课程成果路演海报

以"抚墨丹青·艺绘神州"公益项目为桥梁，北大抚州创新研究院真正实现了校地合作的"双赢"。不仅积极引进文化从业者助力当地文化宣传，为抚州活化利用乡村文化资源提供了人才支持、设计了优质运营方案，而且通过联合北大开设相关课程，实现了文化产业创意管理专业学生"理论输入+实践输出"双渠道培养，打造出一批兼具剧本创作、内容创意、影视制作等专业技术能力，传播策划、项目调研、项目运营等统筹管理能力，以及文献检索、资料分析、田野调研等学术研究能力的复合型专业人才，进一步创新了教育方式，极大地提升了专业教育的质量与水平。

除此之外，北大抚州创新研究院还先后开展了2021北京大学抚州乡创营造师人才培养项目、金溪游垫古村活化项目、"新生活·新风尚·新年画——我们的小康生活"美术作品展抚州巡展、"赏年画·过大年——2022我们的小康生活美术作品展"等系列文化活动，多渠道宣传了抚州特色文化，受到了社会各界的广泛关注（图5）。2021年，北大抚州创新研究院与抚州市人民政府共同主办了纪念王安石诞辰1 000周年学术研讨会，并筹划开展了"中华文化传诵

图5　北大抚州创新研究院举办的部分文化活动宣传海报

人——王安石诗词朗诵与创作大会",通过诵读和赏析王安石的名篇名句、王安石诗词改写现代诗等形式鼓励大家积极开展创作。活动在央视频、北京大学官网、中国诗歌学会官网、今日头条、澎湃新闻等多个媒体平台发布,获得1900余万阅读量,共征集作品2200余件。"中华文化传诵人""遇见王安石"等大会话题也受到社会各界的广泛关注和热议,取得了良好的传播效果,为抚州市成功申请"中国诗歌之城"提供了强大助力。

聚"合"力量,搭建平台强化人才支撑

乡村振兴,人才是关键。培养造就一支懂农业、爱农村、爱农民的"三农"人才队伍,是破解制约乡村振兴发展问题的有效途径。高校是乡村振兴人才培养的主阵地,应紧密结合地方政企人才需求、乡村发展新形势,创新人才培养模式,为乡村振兴培养出更多专业人才。北大抚州创新研究院以智库联盟、文化产业特派员等形式,不断拓展乡村振兴人才队伍,有效强化了地方发展的智力支持。

2021年,北大抚州创新研究院与抚州市人民政府联合举办首届中国抚州文创生态大会暨第十八届中国文化产业新年论坛(图6)。作为江西省与北京大学省校合作的成果之一,"中华文化传承与创新智库联盟"在会上宣布成立,同时发布《中华文化传承与创新智库联盟抚州宣言》。联盟由34家国内高校及社会研究机构共同倡议成立,通过搭建规模宏大的智库平台,各方资源、信息、成果得以实现充分共享。会上,北京大学教授、云南大学校长、中国科学院院士方精云,南方科技大学党委书记、深圳大学文化产业研究院院长李凤亮,文化和旅游部产业发展司一级巡视员蔡萍等十位来自文化产业领域的国内外嘉宾带来了"文化强国与新发展格局"主旨演讲,并分别以"生态产品价值实现与低碳社会转型发展""创意内容培育与数字产业创新驱动"为题展开发言和讨论。大会既是省校合作的创新探索,建立起了抚州地方发展优质智库平台,也以地方为样本,对文化生态、自然生态和创新生态进行了贴合实际的思考与探讨。

图 6　首届中国抚州文创生态大会暨第十八届中国文化产业新年论坛线上会场

为进一步推动文化产业赋能乡村振兴工作,2022 年 5 月,在中国文化产业协会的支持下,北京大学文化产业研究院和清华大学文化创意发展研究院联合中国社会科学院、北京师范大学、中国人民大学等二十余所高校、研究院所、企事业单位,共同发起成立了中国文化产业协会乡村文化创意专业委员会。委员会以"聚焦乡村文化创意,带动乡创人才集聚,助力乡村文化繁荣,推动乡村产业振兴"为核心宗旨与使命展开工作,培育乡村文化产业特派员。委员会还协助地方政府公开遴选公务员、企业家、社会工作者等人才成为文化产业特派员预选对象,再针对遴选村的需求确定文化产业特派员作为乡村"首席运营官",开展"一村一员""一村多员""多员一村"等特派服务。在各级政府的支持下,文化产业特派员与村党支部书记、村委会主任形成"双轮驱动"。在文化和旅游部产业发展司的支持下,中国乡村文化创意专业委员会统筹北大文化产业研究院,以北大抚州创新研究院为载体,在抚州开展了文化产业特派员制度试点工作(图 7)。

北大抚州创新研究院以建设新乡村为目标,通过全国高校校园营造联盟暑期工作坊(图 8)的形式,将对乡村振兴事业有热情的大学生团队培养成为文化产业特派员的预备队,推动大学生双创政策在乡村振兴中有效落地。2022 年 8 月,全国高校校园营造联盟团队走进抚州市乐安县的各个角落,发现问题,激发

图7 文化产业特派员制度抚州试点发布会

观点,形成规划。8个小组在各个项目地进行深入调研,紧抓基地特点、聚焦主要矛盾、关注乡村热点,从不同专业视角出发,挖掘项目地的发展潜能,形成了因地制宜的规划设计方案和改造建议。

图8 2022年全国高校校园营造联盟暑期工作坊活动成果汇报

成立文化产业特派员专家库,聚焦乡村文化创意,带动乡创人才集聚,助力乡村文化繁荣,推动乡村产业振兴,对于抚州乡创的发展意义深远。通过乡创主题讲堂,邀请国内知名乡村振兴专家担任培训导师,陆续开展关于乡创理论知识、落地方法的主题讲座,助力乡村文化产业发展;通过文化产业特派员预选对象系列双向对接活动,加强特派员与区县的联结;以古村落保护为核心,以美丽乡村建设为契机,推动乡村从美丽到宜居、从保护到传承、从活化到发展,展现百年古村的时代新颜……通过实行文化产业特派员制度,北大抚州创新研究院为乡村招引了更多优质创意机构和人才返乡入乡,营造出文化产业赋能乡村振兴的良好生态,为江西省乃至全国其他地区在文化产业赋能乡村振兴方面总结了可供借鉴的"抚州样本"。

除了构建智库平台和打造专家库外,北大抚州创新研究院还致力于做好优质培训资源建设,打造形式更加灵活、覆盖范围更广的纯公益智识类沉浸式互动讲堂品牌项目——北大抚州文化大讲堂。邀请国内外知名专家,聚焦"红色沃土·薪火相传""乡村振兴·地方创生""禅意美学·静雅生活""数创时代·科技赋能""大宋风华·造极之世""才子之乡·临川续梦"6个主题开展定期线上宣讲,为抚州市民提供高质量的智识资源,为乡村发展带来新创意、新方向、新思路。北大抚州文化大讲堂至今已举办30余期宣讲活动,受众人数总计达2.7万余人。

在第三十四期活动中,中国农民企业家联谊会副秘书长、乡村旅游委员会主任、民建中央文化委员会文化创意产业研究组副组长、北大江西校友会理事、江西省作家协会会员、江西方圆文化产业集团有限公司创始人杭云龙受邀担任嘉宾,以"乡村旅游面面观"为主题,归纳国内外乡村旅游成功案例并深入比较分析;第三十五期活动则邀请北京师范大学文学院教授、博士生导师、副院长,中国民俗学会副会长,北京民间文艺家协会副主席杨利慧,围绕"社区驱动的非遗开发与乡村振兴"主题,修正乡村振兴是被动的、有待自上而下推进的普遍观点,通过研究驱动开发非遗以实现乡村振兴的动机、方法和行动主体,探索出社区驱动的非遗开发与乡村振兴新模式;在第三十六期活动中,艺术学理论博士、中国美术学院潘天寿纪念馆馆长、教授、博士生导师陈永怡受邀担任嘉宾,带来了"农民画发展的浙江经验"主题讲座,通过分析浙江农民画发展的创新经验,思考共同富裕背景下农民画的发展之路……讲堂汇聚了各领域专家学者,针对乡村振兴实践案例和先进经验进行深入解读,为进一步开拓思维、创新理念,共同探讨全面推进乡村振兴的新路径提供了多维度思考与启迪。

成立仅两年,北大抚州创新研究院就在打造智库平台、聚合人才资源等领域取得丰硕成果,但聚才引流的探索并未就此止步。2022年,由北大抚州创新研究院牵头,与抚州市发展和改革委员会、北京大学城市与环境学院共同建设的抚州市生态文明与碳中和科创中心正式签约启动。科创中心响应国家生态文明建设战略号召,聚焦碳达峰、碳中和国家重大战略与地方发展需求,靶向攻关,精准发力,通过开展综合研究,纵深推进抚州市生态文明建设和碳达峰与碳中和工作,协同推进技术攻关、成果转化和人才培育。这些校地合作联建,为抚州市乡村振兴破解了人才短板,实现了人才共享,为乡村发展提供了强有力的智力支撑,也对当地集聚高层次人才、打造创新平台、优化产业项目落地等起到了重要推动作用。

以共建北大抚州创新研究院为契机,抚州与北大以合作交流催生文化发展的叠加效应,不断丰富着北大区域文化研究的内涵,也进一步激发了抚州优秀文化的传承创新活力。北大抚州创新研究院的成功实践经验,为高校服务地方乡村振兴战略实践活动提供了借鉴参考。依托平台、人才与智力优势,高校可以帮助地方更好地推动文化传承创新,促进区域经济社会发展;与此同时,地方也为高校的研究成果转化和人才实训培养提供了有力支撑。校地合作赋能乡村振兴的发展模式,可以同时推动高校与地方的创新研究与文化传承向更高层次迈进。不断探索校地合作实现共赢的有效路径,应当成为高校与地方共同关注的焦点。

乡村振兴背景下农村集体经济发展研究

——基于河北省陈庄镇的调研

金志成　任　爽

作者简介

金志成,河北省 2020 届选调生,北京大学 2020 届软件与微电子学院毕业生。

任爽,河北省 2020 届选调生,北京大学 2022 级习近平新时代中国特色社会主义思想研究院学生。

摘　要:乡村兴则国家兴,乡村衰则国家衰。乡村振兴战略是党中央继全面脱贫攻坚胜利后,作出的又一项重大战略部署。集体经济是社会主义公有制经济中的重要组成部分,发展壮大农村集体经济是巩固拓展脱贫攻坚成果同乡村振兴的有效衔接点,也是解决好"三农"问题的有力破题点。本研究以陈庄镇36个村的集体经济为例,运用访谈法、问卷调查法和数据分析法从实践和发展的角度系统性地对各村现有的资源和产业进行了梳理分析。在尊重市场规律和产业发展规律的基础上,对陈庄镇集体经济发展的现状和瓶颈提出合理建议,旨在提高陈庄镇各村集体经济的市场竞争力和抗风险能力,实质性地增强集体经济发展的可持续性。

关键词:乡村振兴;农村集体经济;发展路径

一、引言

集体经济作为中国特色的经济制度,是公有制经济在农村的具体实现形式。探索新型农村集体经济的创新发展,不仅能提升农村的内生发展动力,给农民带来实实在在的变化,而且将为广大工业和城市基础薄弱的发展中国家提供经验和启示,拓宽其发展道路选择,在世界范围内贡献中国智慧与中国方案。

习近平总书记在党的十九大报告中首次提出实施乡村振兴战略的重大历史任务[①],将农业农村改革发展问题上升到国家战略层面。在党的二十大报告中,习近平总书记对全面推进乡村振兴,坚持农业农村优先发展作出更为具体明确的部署。2019年3月,在参加十三届全国人大二次会议河南省代表团审议时,习近平总书记强调,实施乡村振兴战略,必须用好深化改革这个法宝,通过完善农村集体产权权能,发展壮大新型集体经济,赋予双层经营体制新的内涵。[②] 习近平总书记的重要论述,深刻指明了发展新型农村集体经济与乡村振兴之间的紧密联系,并将发展壮大新型农村集体经济提升到事关乡村振兴战略实施的政治高度,凸显了发展农村集体经济是一个长期的、系统的、复杂的综合工程,任重而道远。[③] 然而,当前我国部分地区农村集体经济发展速度缓慢,发展成效不显著,难以成为乡村振兴产业兴旺的核心动力。因此,本研究以河北省灵寿县陈庄镇为例,开展关于农村集体经济发展的调查研究,以探讨乡村振兴背景下,如何通过深化农业农村改革,发展壮大农村集体经济。

二、农村集体经济发展现状分析

陈庄镇位于河北省中部,地势西北高、东南低,外有太行山连绵环绕,内有

---

① 习近平.决胜全面建成小康社会 夺取新时代中国特色社会主义伟大胜利:在中国共产党第十九次全国代表大会上的报告(2017年10月18日)[EB/OL].(2017-10-27)[2022-10-21]. https://www.rmzxb.com.cn/c/2017-10-27/1851777.shtml

② 李敏杰.习近平李克强王沪宁韩正分别参加全国人大会议一些代表团审议[EB/OL].(2019-03-09)[2022-10-21]. https://www.rmzxb.com.cn/c/2019-03-09/2305845.shtml

③ 贺卫华.乡村振兴背景下新型农村集体经济发展路径研究:基于中部某县农村集体经济发展的调研[J].学习论坛,2020(6):39-46.

慈河水潺潺流淌,山川壮美,草木葱茏。这里的黄金储量居太行山区第一,大理石储量居华北首位。全镇共 6 883 户 21 741 人,总面积 160 平方千米,主导产业为传统种植业、养殖业。

(一)调研设计

本次调研以实地调研为主,采用访谈法、问卷调查法和数据统计法对陈庄镇的农村集体经济发展现状做了详细调研。访谈和问卷调查的对象有陈庄镇党委书记、主管副镇长、陈庄镇 36 个行政村的村党支部书记和若干村民。除调研外,笔者还在陈庄镇政府财政所查阅到各村财务数据。综合分析上述资料,得出陈庄镇各村集体经济的发展情况。

(二)调研结果

1. 集体经济收入规模分析

2021 年陈庄镇辖区内的 36 个村中有 23 个为经济薄弱村,全镇村集体总收入为 421.6 万元,村均收入为 11.7 万元。其中,村集体收入在 5 万元以下的有 7 个,5 万—10 万元的有 8 个,10 万—20 万元的有 16 个,20 万元以上的有 5 个(图 1)。

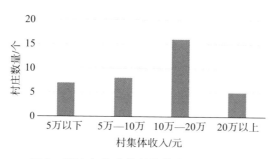

图 1 2021 年陈庄镇村集体收入分布情况

2. 集体经济收入成分分析

陈庄镇各村集体经济收入主要来源分四项:光伏发电、项目分红(包含种植、养殖合作社分红和乡村旅游产业分红等)、承包租赁、补偿款(包含占地补偿款和公益林补贴),大部分村有一项以上的收入来源。36 个村中,收入主要来自光伏发电的有11个,项目分红的有16个,承包租赁的有8个,补偿款的有22个。平均来讲,四项收入中补偿款对集体经济的贡献最大,占54%;光伏发电最低,仅占10%(图2)。

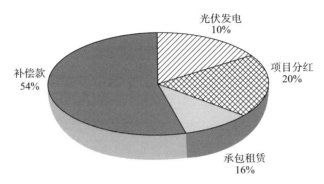

图2 陈庄镇村集体经济收入占比

3. 集体经济发展现有规划情况

通过访谈我们了解到,陈庄镇为全面深化农村改革,发展壮大农村集体经济,已经做了初步整体规划和较为明确的区域产业划分。

第一,制定全局性整体规划。陈庄镇政府提出"湖畔、药香、康养、红色、古镇"十字发展方针,初步明确了发展思路,并制订了大体推进计划。

第二,因地制宜进行区域产业划分。陈庄镇目前主要划分为四大块产业区域:一是以水库附近村庄为轴心,发展红色教育、休闲观光旅游业;二是以DZW村为中心,开展板栗、核桃等农产品深加工业;三是在DW村、XW村、HB村一带建立苹果种植基地,更新品种,创建区域品牌;四是以Z村、D村、X村等为聚集点,发展餐饮、住宿、超市和物流服务业。

调研结果显示,陈庄镇农村集体经济收入规模较小,村与村之间差异较大,并且集体经济收入来源普遍单一,对各类补偿性政策的依赖度高。光伏发电、项目分红、承包租赁、集体产业等发展性收入普遍偏低,缺乏以产业带动经济发展的驱动力。加之整体上资源利用率不高,产业起步缺乏资金支持等,导致农村集体经济收入来源主要为近年来的扶贫产业。虽然陈庄镇领导班子制定了整体产业规划和具体产业划分,但执行效果不佳,未真正将规划内容落实推广到各村,有待进一步完善推进产业规划。

三、农村集体经济发展现实问题与原因剖析

(一)农村集体经济发展现实问题——以陈庄镇为例

1. 集约化、市场化发育程度较低

陈庄镇的发展受到现有资源限制。镇内土地类型以山地、林地为主,耕地稀缺。各村错落分散,分别沿着河流和水库分布,村民居住不集中,耕地零星不成片,主要体现在各村规模小,不能形成集群,土地、林地的资源分散,业态"小、散、弱",未能实现资源要素的集约利用和产业的规模效应。农村集体经济组织只掌握少量土地及荒山、荒地、荒水等不良资产,虽然获得了较大土地征用和公益林补偿款,但由于村集体留用地政策货币化,货币性资产转换为经营性资产受到发展空间的制约。

陈庄镇各村产业链不完善。多数村的主导产业选择尚不明确,盲目跟风市场,不能很好地把握市场规律。

第一,产品同质化严重。陈庄镇的核桃、板栗年产量巨大,但是产业链短,一二三产业的融合程度低,不具有议价权。加之周边县市都在大规模种植核桃、板栗,各村统一收购价与其他地区散户出售价不统一,部分村民急于出手便打起价格战,形成恶性竞争。2021年的绿皮核桃收购价格甚至低至0.4元/千克,连采摘人工费都难以满足。

第二,产品附加值低,大部分产品都是初级农产品。全镇90%以上的村种植板栗、核桃,但是树种老化,结出的果实品质差,在市场上没有竞争力。并且这些产品未经过深加工,直接出售的收益极低。以寿桃、苹果为例,由于缺乏现代化选果生产线,无法通过分级分拣,连最基础的分级销售都无法实现,只能大的小的一起卖,也没有考虑大小、颜色、糖分、口感等质量因素。此外,当前市场看重商标和声誉,而陈庄镇种植户没有形成品牌意识,因此没有做农产品的品牌分类和定位,导致产品附加值低、缺少竞争力。

第三,缺乏专业物流支持。陈庄镇大多数村庄地处山区,运输时间长,寿桃、苹果等农产鲜品损耗大,一般物流公司仅能实现市县级配送。农产品经营者若想在大型电商平台上销售产品,必须和中间商合作,而第三方参与后的交

易链成本会大大提高。据测算,乡镇农村配送在30千米内,物流成本是城区的3倍;若达到60千米,则成本会上升至城区的5倍,因此只有物流量达到一定数量后才能分摊较高的成本。

第四,销售渠道单一。以DW村的苹果为例,该村苹果品质虽好但销路单一,主要靠熟人推荐,如村干部、乡镇干部、驻村工作队向亲朋好友推荐,虽在市县范围内具有一定的知名度,但远不如"洛川苹果""烟台富士"等在国内名气大、有市场。总体来说,相关产品存在核心竞争力偏弱、品牌影响力不足、营销思路滞后等问题。①

此外,陈庄镇还面临产业启动融资困难的问题。发展资金对处于初始阶段的农村集体经济而言至关重要。但农村产业多数为传统种植业、养殖业、个体作坊、农村小微企业,这些行业普遍具有建设周期较长、偿债能力较差等特点,金融机构出于政策规定和自身利益,均不愿向村集体提供资金支持,这让村集体难以在金融机构信贷政策中获得足够的起步资金。因此,亟须进一步深化农村集体产权制度改革,明晰产权主体、产权范围,加快探索农村集体资产权益在市场经济中的流转模式。而且各村发展思路较为保守,对于引入社会资本方面的能动性不足,加之投资农村基础设施本身存在效益低、风险高、产权不明晰等特点,无法让社会资本获得较高期待,这也导致村集体难以与各种资本深入合作。

2. 资源开发受阻

第一,土地资源十分紧张。随着农村改革的不断深入,村集体产业对土地的规模化需求越来越大,但由于人口的不断增长,以及国际形势的不断动荡,国家对现有基本农田、一般耕地、环保用地、生态红线的重视程度也越来越高。村集体产业发展所需土地和国家政策管制的土地在空间上存在某种程度的竞合关系,部分村存在一出村就是基本农田的情况,限制了农村集体产业的发展。此外,部分村的土地承包期限过长且价格低廉,成为发展集体经济的又一障碍。

第二,旅游开发受限。靠近水库、河流的村庄,在发展生态旅游、养殖业等

---

① 黄智光,张兴校.乡村振兴战略背景下村级集体经济发展壮大路径研究:基于对浙江绍兴上虞300多个行政村的调研分析[J].中国发展,2018,18(5):51-57.

产业时面临的困难更多,需要既考虑保护环境,又能发展产业的科学合理政策。以 ZJB 村为例,该村靠近水库,有发展生态旅游产业的潜力,但由于大部分土地靠近水库,建设用地开发受限。

3. 资源闲置与信心匮乏形成恶性循环

陈庄镇多数村目前仍处于选择主导产业的阶段,迷茫且保守。受此前大规模跟风种植栗蘑、核桃产生大额亏损的影响,陈庄镇的很多大棚、土地资源闲置,且村集体以及村民对于此类投资普遍产生怀疑和抵触情绪。农民对土地的感情特殊,对土地流转心存顾虑,一旦农村集体经济发展不顺利,农民大多不愿意再冒风险。领头人缺乏再试的勇气,会影响农村集体经济发展的前景。部分村干部在发展农村集体经济上存在畏难心理,担心投资项目失败承担责任,干事畏首畏尾,一定程度上影响了政策的落实落地。陈庄镇此前有 8 个村庄种植栗蘑,受限于种植技术和销售途径,目前只有 SZ 村还在种植且尚未盈利。X 村、HB 村、D 村等目前有闲置大棚或者大棚租赁价格较低的情况。

4. "无米下锅"与"有菜难做"两极分化

"无米下锅"主要体现为集体资产的流失。部分村存在个别村民小组掌握集体大部分资源的情况,在收益分配、资金支出方面,不经过村"两委",也不走村财乡管的途径,存在集体资产流失、债务负担加剧等潜在风险。

"有菜难做"主要表现为收入较多的村不能很好地进行资产管理。例如 QZY 村,村集体收入有制衣厂土地租赁费用、机械租赁费用、占地补偿费用等,但是村集体不知道怎么"钱生钱",也不敢花钱,一定程度上造成了资源和资产的浪费。

5. "空心村"人才缺位严重

第一,高学历人才难引进。[①] 在人才大战异常激烈的今天,山区农村与发达城市对本科及以上学历人才的吸引力差距甚大,目前村里走出的高学历人才大多选择在外深造或发展,极少回到乡村。

第二,专业技术人才难引进。乡村振兴主要靠产业,产业发展主要靠产业

---

① 项继权,周长友."新三农"问题的演变与政策选择[J].中国农村经济,2017(10):13-25.

带头人。以种植业为例,目前许多种植业所需技术都是由村干部自行学习,或靠农业高等院校科技专家下乡培训而成,农村在致富带头人等专业人才需求方面还有极大缺口。

第三,青壮年劳动力留不住。有些村常住人口不足百人,常住人口率不足50%,留在村里的青壮年劳动力占比更低,大部分人选择外出打工,留守村民"靠山吃山"的思想严重。

(二)原因剖析

1.客观方面资源要素制约明显

第一,基础设施建设不够完善。一方面,基础设施建设投入绩效不高。很多行政村的自然村或村民小组数量众多、村民居住分散,而且由于在建设前缺乏统一科学规划,因此基础设施覆盖面小、受益户数少,投入绩效较低。另一方面,发展不平衡、不充分的问题依旧存在。由于各村的综合情况不同,总体规划难以顾及所有地区,导致不同行政村、同一行政村的不同村民小组之间基础设施建设的完善程度差距较大。同时还存在重建设轻管理的现象,部分村的后期管护措施不到位,导致基础设施出现不同程度的损坏,严重影响了其作用的发挥。另外,各村的灌渠末端水系建设有待完善。虽然多年来国家不断加大对农村水利设施的投入力度,但由于地形原因和部分农业基础设施超期服役,很多地区有效灌溉面积并不高。有些农田在旱季灌溉难度大、成本高,直接影响了粮食产量和群众增收,"靠天吃饭"现象依然突出。

第二,土地资源有限且盘活不够。从设施农业用地来看,要素配置结构失衡。为了严格保护耕地,长期以来,国家政策规定设施农业用地严格控制占用基本农田,允许占用一般耕地。但有些省份为了城市化发展,将城镇周边的土地逐步调规成建设用地,因而只能向农村要指标,导致在2019年第三次国家土地调查之后,部分村子出现一出村就是基本农田,原来的荒坡、荒岭成为一般耕地的现象,严重压缩了村集体产业发展的空间资源,导致土地卫片执法冲突不断升级,设施农业用地指标十分缺乏。此外,一般耕地可用于设施农业用地的规定在部分省份难以落地,无法成为集体产业发展项目的土地要素来源,因此出现了要素供需结构不匹配的问题,农业项目设施用地紧缺。

第三,农村集体经济发展资金缺口较大。一方面,政府支持力度不够,无法打消社会资本顾虑。社会资本发展产业需要土地支持,产业用地指标是否有余、土地规划是否更新、土地性质是否明确等与产业初期发展息息相关的问题,乡镇或村级层面并不清楚,加之农业投资回报周期较长、风险较高,农业发展又与保障粮食安全、维护生态环境等重大战略紧密联系,易受政策导向影响,因此从资本逐利性和风险规避的角度来看,农业农村领域并不是社会资本的首选方向。另一方面,农村集体产权制度不清晰,集体产权主体和成员权益被固化,要素流动不畅。

第四,人力资源可利用率偏低。随着经济的快速发展,城镇提供了更多的就业机会,劳动力逐渐向外转移。尤其是山区的劳动力,因当地收入水平低或者为了家中的孩子有更好的教育,更愿意走出大山工作,留在农村的大多数都是没有劳动能力的老人或者是年幼的孩子,导致村庄"空心化"严重。

第五,缺乏优势产业带动。各村对村内现有优势资源的探索、挖掘不够充分,集体经济发展的主线不突出、不明确,没有将自身的特色与优势同市场竞争环境对接,对农村集体经济发展的定位不准确,甚至没有明确的目标和定位。

2. 主观方面发展动力和能力不足

第一,实施主体的带富能力不强。针对乡村干部的选拔提干工作不完善,未能及时为农村集体经济发展输入新鲜血液。对于乡村干部,受制于自身知识储备、社会资源、时间精力等,提振发展农村集体经济的积极性和主动性不够。同时,对乡村干部的培训力度不足,使得其欠缺推动集体经济发展壮大的能力。

第二,乡村干部考核办法不健全。缺少激励乡村干部把精力聚集到发展壮大农村集体经济、带领农民致富上的考核办法。未将农村集体经济年度目标完成情况与乡村干部绩效工资挂钩,因而没有形成有效的动力机制。对抓农村集体经济发展无思路、无举措、无成效的乡村干部,也没有通过撤换、选派等方式及时进行组织调整,最终导致乡村干部推动集体经济发展壮大的动力不足。

3. 解决问题的机制政策不够全面

第一,乡镇及村庄规划缺乏前瞻性与系统性。整镇推广栗蘑、核桃种植时没有做足做深前期调研、风险分析和处置预案,没有了解、落实、宣传能有效降低农户种植风险的农业保险政策,缺少村集体和社会资本有效衔接的机制和平台等。

第二,现有资源整合不理想。一些闲置的房屋、设备、校舍,以及荒山等集体资源没有真正利用起来。整合现有优势资源形成的产业特色还不够明显,生产经营规模较小,营销方式相对简单,未达到吸引外界资本投资扩大经营的条件。另外,未能充分吸纳懂经济、善经营、会管理、能力强的人才进入村干部队伍。

第三,市场风险抵御能力弱。全镇农村集体经济收入来源大多是传统种植和养殖业、土地租赁等低端方式,科技推广运用水平较低,二、三产业融合发展较少。除个别村主导的特色产业在市、县范围内具有一定的规模优势外,其他村面对市场同质化产品的竞争,存在品牌影响力不足等问题,难以抵御市场变化的风险。

第四,配套资金项目有缺失。部分村每年主要依靠上级财政补助维持运转,发展农村集体经济组织资金困难现象较为突出。另外,各级政府对农村发展集体经济引导不够,缺乏配套政策来优化发展环境,对农村集体经济的发展没有硬性要求,使得其处于自由发展模式,缺乏有力的资金与项目支持。

四、农村集体经济发展优化路径

(一)宏观层面构建多元主体协同共治的动力机制

发展农村集体经济,政府、市场、农民、社会力量四主体缺一不可。应当构建以政府为主导、农民为主体、市场与社会力量广泛参与的农村集体经济实施机制,发挥多元主体的协同作用,从而实现制度、政策、主体、市场要素的全面激活,最终形成发展壮大农村集体经济的强大动力。

从政府角度看,发展壮大农村集体经济的外在推力体现在完善农村政策保障、优化农村基础设施和公共服务等方面。政府作为发展壮大农村集体经济的规划制定者和政策统领者,能够引导各类生产要素向农业农村聚集,并在企业、农民与社会等共促农村集体经济发展中发挥重要作用。例如,在矛盾突出的土地政策方面,县级以上政府,既要遵循国家的政策法规,又要照顾地方社会经济的发展,寻找保障粮食安全、稳定集体农业投资和增加农民收入之间的平衡点。

从市场角度看,在产业经济领域存在以企业为主体的市场竞争,自主调节社会资源、商品供需,同时政府可以运用规划、投资、消费、价格、税收、利率、汇率、法律等手段,依靠市场规则和市场机制,推动供给侧或需求侧结构性改革,形成经济增长的领先优势,推动经济科学可持续发展,从而实现"有为政府"与"有效市场"相融合,共同发挥作用。

从农民角度看,农民是发展壮大农村集体经济的重要参与者和主要受益者。农民个体的积极参与和自我发展,能够激发乡村经济社会进步的潜能与活力。坚持农民主体地位,把参与权、选择权、决策权赋予农民和农民集体,是提供发展壮大农村集体经济内生动力的重要手段。[①]

另外,社会是发展壮大农村集体经济动力机制中对政府、企业、农民等主体的有益补充。社会参与能够强化对农民的激励和引导,提升农民的行为效能,从而有效促进农民的现代化。

从社会力量角度看,农业企业是农村经济的基本构成,也是实现集体产业兴旺的重要力量。各类企业能够通过推动技术进步与科技创新、促进农村资源要素合理配置、提高农业生产效率等,为发展壮大农村集体经济提供持续动力。

因此,既要厘清和调整各参与要素的功能边界和权力利益关系,发挥和激活各参与要素的优势潜能和特色专长,又必须功能互补,达到政府主导、市场引导、农民与社会主体有机衔接和良性互动的善治格局。只有多要素联动赋能,实现政府、市场和乡村社会的协同共治,才能在发展壮大农村集体经济中实现最优解。

(二) 微观层面坚持问题导向,集中力量解决困难

第一,加大基础设施投入,完善配套设施建设。面对基层交通不便的困境,乡镇、村两级要积极主动向上对接,争取政策支持与资金下乡,推进农村公路提质改造工程,拓宽林间道等生产道路。部分村庄受条件所限,果树得不到灌溉,面对这种困境,要加强农村农田水利设施建设,完善综合防灾减灾体系。针对

---

① 张晓山.深化农村土地制度的变革 赋予农民更多财产权利[J].财贸经济,2013(12):11-13.

一些有项目发展规划但有资金缺口的村,引导金融机构把农业产业化经营和扶持农业综合开发作为信贷支农的重点,推出新的信贷产品,采取"村经济合作社为主体、乡镇或村提供有效担保、县财政进行贴息"的方式,实行贴息贷款,支持农村集体经济生产经营项目,完善金融机构支农惠农机制,保障农村集体经济的可持续发展。要稳定和加强种粮农民补贴,提升收储调控能力,坚持完善最低收购价政策,扩大完全成本保险和收入保险范围,加快推广特色农产品保险等。

第二,培养和打造能力强、留得住的人才队伍。面对"空心村"困境,一要选优配强村级班子,打破身份、行业、地域等限制,大力从返乡创业人员、致富带头人、退役军人、大学生村官、乡村医生和教师中,选用乡贤、经济能人、致富能手进村级班子,不断增强村干部带领群众致富能力。二要持续向各村择优选派干部、驻村工作队,让优秀人才到乡村一线锻炼,为发展壮大农村集体经济出谋划策,深入推进乡村振兴和乡村治理,主动担当起农牧民致富的"领航员"和"好帮手"。三要牵线搭桥让企业、高校、科研院所等与贫困地区开展产学研深度合作,开放和共享科研创新资源,帮助贫困地区实现高层次人才、高科技成果"不求所有、但求所用",加大对各类人才,特别是基层"田秀才""土专家"的培养培训力度,让本村人成为专业技术人、致富带头人。

第三,盘活资产资源,增强农村集体经济的支撑力。一要盘活闲置存量资产。通过租赁经营、技术改造、投资入股等方式,盘活闲置的办公楼、厂房、村室等集体资产,增加村集体收入。例如,有闲置大棚的村可以和科研院所产研合作,将闲置大棚作为试验基地免费供科研院所使用,村民可以根据此基地谋划新的种植项目,或者将其改造成果蔬大棚租赁给附近景区以增加集体收入。二要积极探索绿水青山就是金山银山的实现路径。充分挖掘当地的山水林田等自然资源,加强谋划包装和项目招商,大力发展生态经济,变山水资源为发展资本,变美丽环境为美丽经济。针对建立农产品加工厂一直停滞不前的困境,可以结合农村集体土地所有权改革,全面开展村级土地、房屋资产的清查,鼓励开展旧村改造、旧村复垦,获取村集体建设用地折抵指标,增加村集体资产性收入。针对村里的烂尾楼项目,结合农村房屋产权制度改革,明晰村集体不动产所有权,支持利用村集体不动产,发展农家乐、乡村旅馆、商业街等,增加村集体经营性收入。林地资源丰富的村,可以结合农村土地承包经营权制度改革,整合利用荒山、坡地、柑橘园、旧茶园等土地资源,采取返租承包、合股经营等方式,增加集体经济收入。同时,倡导农村土地承包经营权融资担保,从而提升村集体的融资能力。

第四,创新思维开拓市场,多形式发展集体经济产业。面对产品销路窄的市场困境,一要拓宽销售渠道,建立区域品牌,对接线下商超门店开辟专栏专柜,对接饭店、食堂等单位,提供高质量食材,形成稳定的销售渠道。二要大力发展农村电商,充分利用平台,在本地市场饱和的情况下,向周边省市甚至南方地区开辟市场,销售产品。三要避免市场恶性竞争,可吸纳有意愿加入合作社的村民一同种植相同品种的特色农产品,统一收购,统一定价,提高产品质量。

第五,科学系统规划,预留发展空间。面对缺乏系统规划的问题,乡村应积极整合村集体现有资源,因地制宜,一片一策,注重有限资源的合理分配利用。可以尝试实施"现代农业主导+特色产业支撑"的方案,结合自身优势和禀赋,打造符合自身气质的特色产业。① 一方面,鉴于每年的资金是有限的,在合理范围内,需要科学谋划产业发展,产业发展不图大而广,唯专而精;另一方面,要广泛听取民意,争取专业城乡规划设计院指导本村产业发展,为未来的发展预留空间。

---

① 陈龙.新时代中国特色乡村振兴战略探究[J].西北农林科技大学学报(社会科学版),2018,18(3):55-62.

"艺术家"与"受苦人"

——泥河沟村的艺术乡建实践

赵 坤　武江伟

作者简介

赵坤,河南济源人,出生于1997年10月,北京大学新闻与传播学院2018届本科毕业生,2020届硕士毕业生,在校期间曾获北京大学三好学生、北京大学优秀学生干部、北京大学优秀毕业生、北京市优秀毕业生等荣誉。毕业后选调至中央国家机关工作,曾于陕西省榆林市佳县朱家坬镇泥河沟村任村党支部书记助理。

武江伟,陕西省榆林市佳县朱家坬镇泥河沟村党支部书记。

摘　要：艺术介入乡村建设具有深厚的理论和实践传统,党的十九大提出实施乡村振兴战略后,更大规模的艺术乡建实践在拥有乡村意识的艺术家或是拥有艺术意识的政府主导下,于各式各样的乡野间铺陈开来。脱贫攻坚任务完成后,在巩固拓展脱贫攻坚成果同乡村振兴有效衔接的框架下,艺术乡建逐渐成为乡村脱贫后培育"造血"能力的探索与实践方式,位于陕北的泥河沟村便在这样的背景下开展了艺术乡建实践。然而,相较于学者、艺术家等外来者对艺术乡建实践的重复言说,作为本地人的政府、居民则在艺术乡建领域成了"失语者"。本研究便以泥河沟村的实践为例,从在地化的视角对艺术乡建的相关经验及原则进行分析总结。

关键词：乡村振兴；艺术乡建；泥河沟村；在地化；中间人

一、乡村振兴与艺术乡建

如果说由艺术家、学者、各级政府,抑或是没有任何身份标识的个体等多元主体在各地所构建的艺术乡建风潮是一根根平行的纬线,那么由明确的中央政府自上而下倡导实施的乡村振兴战略则是由同一源头放射而出的经线。泥河沟村的艺术乡建实践则站在经纬交叉之处,作为多重力量重叠的节点被编织在乡村建设的复杂网络中。因此,只有将泥河沟村的艺术乡建实践置于艺术乡建与乡村振兴战略交织变奏的框架下进行考察,并充分理解二者的关系及影响,才能恰如其分地把握泥河沟村艺术乡建实践的开创性及其在乡村建设网络中的独特位置。

(一)"百年乡建"中的乡村振兴

> 乡村建设,实非建设乡村,而意在整个中国社会之建设。①
> ——梁漱溟

通常意义上,"百年乡建"指的是清末民初以来由多重主体发起的持续百余年的乡村建设实践运动。在这个意义上,乡村振兴可以被视为"百年乡建"运动在新时代的具体实践。"百年乡建"运动为乡村振兴实践提供了宝贵的历史资源,将乡村振兴实践置于"百年乡建"脉络之中进行考察能展示乡村振兴实践更丰富的内涵。

根据温铁军、潘家恩等人的研究总结,中国近现代历史进程中的乡村建设并非始于常见论述中以晏阳初、梁漱溟、陶行知、卢作孚等"乡建派"为代表,兴起于20世纪二三十年代的乡村改造实践,而是发轫于更早的清末民初。②"百年乡建"包括前后呼应的三波乡村建设运动。第一波乡村建设"起于1904年河北定县翟城村良绅之地方自治与乡村自救,具有自觉性的'自下而上'式社会改良;兴于20世纪20年代外部混乱的军阀割据环境难以改观的局面之下,弱势中央默认地方势力,邀请社会力量化解乡治缺失;衰于国民党政府力推的保甲

---

① 梁漱溟.乡村建设理论[M].上海:上海人民出版社,2006:161-162.
② 潘家恩,温铁军.三个"百年":中国乡村建设的脉络与展开[J].开放时代,2016,(4):126-145.

制度导致乡土社会结构的根本改变和1937年日本全面侵华,迁往重庆之后参与北碚试验,兴办乡建教育与华西试验区;被替代于1949年共产党国家力量的全面建设。"①第二波乡村建设"由全面执政后的中国共产党推动,在官方资本主导的大规模工业化条件下由'官方主导',也可以理解为'没有乡建派的乡村建设'实践。"②第三波乡村建设"于2000年起持续至今,以'官民互动'为特点,起于三大资本全面过剩和'三农'问题进入中央决策,兴于新农村建设,转型于城市化加快与国际金融危机代价转移对乡土社会造成的大规模破坏。"③

在此脉络下,综合"百年乡建"实践经验及现实情况,以2017年党的十九大报告提出乡村振兴战略为标志,并配合陆续出台的《中共中央 国务院关于实施乡村振兴战略的意见》《乡村振兴战略规划(2018—2022年)》《中华人民共和国乡村振兴促进法(草案)》《中共中央 国务院关于实现巩固拓展脱贫攻坚成果同乡村振兴有效衔接的意见》等相关文件和法律,我国在新时代开启了以实现产业振兴、人才振兴、文化振兴、生态振兴、组织振兴"五个振兴"为目标的乡村建设第四波浪潮。在2020年底我国完成脱贫攻坚目标任务后,新时代的乡村振兴进入了新的历史阶段,即巩固拓展脱贫攻坚成果同乡村振兴有效衔接阶段。根据要求,"脱贫攻坚目标任务完成后,设立5年过渡期。脱贫地区要根据形势变化,理清工作思路,做好过渡期内领导体制、工作体系、发展规划、政策举措、考核机制等有效衔接,从解决建档立卡贫困人口'两不愁三保障'为重点转向实现乡村产业兴旺、生态宜居、乡风文明、治理有效、生活富裕,从集中资源支持脱贫攻坚转向巩固拓展脱贫攻坚成果和全面推进乡村振兴。"④如今,站在新的历史坐标上,以乡村振兴战略指导新时代的乡村建设⑤,并以乡村建设带动建设中国社会是我们新的历史任务与使命。

---

① 潘家恩,温铁军.三个"百年":中国乡村建设的脉络与展开[J].开放时代,2016,(4):126-145.
② 同上。
③ 同上。
④ 中共中央,国务院.关于实现巩固拓展脱贫攻坚成果同乡村振兴有效衔接的意见[EB/OL].(2021-03-22)[2022-10-21]. https://www.gov.cn/zhengce/2021/03/22/content_5594969.htm
⑤ 潘家恩,吴丹,罗士轩,等.自我保护与乡土重建:中国乡村建设的源起与内涵[J].中共中央党校(国家行政学院)学报,2020,24(1):120-129.

(二) 艺术乡建简史

在当前主流表达空间中,艺术乡建的概念、经验、实践始终被艺术家、设计师、学者等非在地化的主体反复言说。艺术乡建或被视为21世纪初中国当代艺术发生的"乡村转向"[①]的标识,使"原来脱域的本土化创作拉回到文脉中,从而以'乡土化'作为中国当代艺术从'他者化'回归传统的逆行方式,在国际对话中取得自主权,同时也能透过艺术与乡村的互联共振,打开当代艺术在本土的深入发展之门,获得主流社会认可的合法性及话语权,甚至在理论方法上,亦能对应契合关系美学、社会参与式艺术等国际理论前沿"[②],或被视为"艺术家运用相关艺术手段在乡村地区进行的各类建设实践"[③]。非在地化主体的言说,或有意或无意地淹没了处于艺术乡建另外一端的在地化主体的声音与身影,而艺术乡建最终的结果和意义恰恰要指向这些被淹没或遮蔽的主体。因此,本研究所论述的艺术乡建指的是多重主体联合运用艺术手段在乡村地区进行的乡村建设实践。在此概念上,艺术乡建贯穿于"百年乡建"全过程中。

张颖在《中国艺术乡建二十年:本土化问题与方法论困境》一文中,将艺术乡建追溯至民国乡建运动,分析总结了民国乡建运动、根据地文艺下乡运动、新中国文艺建设、新农村建设等各历史时期乡建实践中的艺术乡建因素萌芽,并将2010年之后乡村综合艺术项目建设划分为艺术乡建的新阶段。向勇则以2007年渠岩的"许村计划"及左靖的"碧山计划"为标志,将2007年定为艺术乡建元年。[④] 渠岩的山西"许村计划"(2007年)、广东"青田范式"(2015年),靳勒的甘肃"石节子美术馆"(2008年),左靖的安徽"碧山计划"(2011年)、贵州"茅贡计划"(2015年),孙君的河南"郝堂村营建行动"(2011年),焦兴涛的贵州桐梓"羊磴艺术合作社"(2012年),金江波的浙江"乡村重塑,莫干山再行动公共艺术创作计划"(2018年)等项目都是艺术乡建领域典型的实践案例。这

[①] 张颖.中国艺术乡建二十年:本土化问题与方法论困境[J].民族艺术,2021,162(5):14-25.
[②] 同上.
[③] 孟凡行,康泽楠.从介入到融和:艺术乡建的路径探索[J].中国图书评论,2020(9):8-23.
[④] 向勇.新发展阶段乡村文创的价值逻辑、行动框架和路径选择[J].北京舞蹈学院学报,2021(4):83-88.

些以艺术家主导的艺术乡建案例以文化保护、景观再造和空间生产、主体性重塑①等方式介入乡村并逐渐走入政府视野,被纳入政府主导的乡村振兴战略的探索实践中。

(三) 乡村振兴中的艺术乡建

从思想史的脉络来看,乡村振兴与艺术乡建都可以被视为"百年乡建"思潮在当代的延续,艺术乡建的发生还受到当代艺术"民族志转向"②的影响。从具体实践来看,乡村振兴战略的落地实施主要由以各级政府为代表的国家力量主导,而艺术乡建最初的实践则一般出自艺术家的艺术兴趣和个人偏好。当艺术乡建的实践取得一定的成效和影响力之后,政府逐渐识别出艺术乡建在乡村振兴领域蕴含的价值和潜力,而作为乡村振兴战略所提出的"五个振兴"之一的文化振兴则为政府主导的乡村振兴实践"收编"艺术乡建实践提供了主要的理论依据与可能性。政府的"收编"不仅为艺术乡建带来更多的行政力量、资金等资源支持,而且让艺术乡建跳出文化改造的范畴,获得促进经济生产、政治团结等更广泛的社会意义。同时,艺术乡建也成为实现乡村振兴新的途径以及政府政绩新的增长点与创新点。在乡村振兴与艺术乡建互动的过程中,"文化搭台,经济唱戏""艺术表演"③等传统形式和新兴形式的融合在实践中不断发展成熟。

二、泥河沟村的艺术乡建实践

> 起来,饥寒交迫的奴隶,起来,全世界受苦的人!④
>
> ——《国际歌》

"受苦人"原本是陕北方言对农民的称呼,如今成为对当地从事重体力劳动的劳动者的代称。"受苦人"是多类本土主体的代表,是艺术乡建关照的核心主

---

① 孟凡行,康泽楠.从介入到融和:艺术乡建的路径探索[J].中国图书评论,2020(9):8-23.
② 张晖."民族志转向"与艺术乡建的"在地性"问题[J].公共艺术,2018(5):16-19.
③ 服务器艺术.讲座文稿|跨界互涉:艺术乡建从实践到方法,再到学科建设(艺术乡建系列讲座No.3)[EB/OL].(2022-06-18)[2022-10-21]. https://mp.weixin.qq.com/s/D7Ytyxc81Th2_HUhz4ipeA
④ 根据李放春的研究[李放春.从les damnés到"受苦人":《国际歌》首句汉译的历史演变[J].开放时代,2008(4):15.],这里将"les damnés"译为"受苦的人"这种译法可能正是受到了陕北方言"受苦人"的影响。

体。本研究所指的"艺术家"则是外来进行艺术乡建的群体的典型代表,是艺术乡建的主要实施者之一。泥河沟村的艺术乡建实践正是在作为当地人代表的"受苦人"与作为外来者代表的"艺术家"之间的互动中展开的。

(一) 村情

陕西省榆林市佳县朱家坬镇泥河沟村位于佳县城北18千米、朱家坬镇东北15千米处,由泥河沟村、桑塬村2个自然村于2015年合并而成。村落毗邻黄河,三面环山,中间地势平坦,属于典型的黄河沿岸土石山区。全村总面积约9.16平方千米,其中耕地面积1 490亩,枣树种植1 900亩。目前全村共有353户1 037人,其中劳动力680人,常住人口130户200余人,常住人口平均年龄约64岁。村内建档立卡脱贫户85户共253人,其中低保户25户共41人、五保户5户共7人、脱贫不稳定户7户共17人、边缘易致贫户2户共4人,有10户为重点关注户。全村共有党员24人,其中女性党员3人。村民收入来源以红枣种植、发展养殖业及外出务工为主。

目前泥河沟村95%以上的人口为武姓,分石塌上、沙楞上、磕里、湾里四大家族。村中武姓人口均属同族,"始祖可追溯到盛唐时期的武和、武顺两兄弟"[①]。据传说和相关记载,村中人口原本以刘姓与李姓为主,武姓人口是神龙政变(公元705年)后武则天一脉为躲避政治迫害迁徙而来的。后因瘟疫、战乱等,刘、李二姓人口锐减,便形成了武姓一家独大的局面。在2017年沿黄公路竣工通车之前,泥河沟村一直都是佳县最闭塞、贫穷的村落之一。交通和地理区位的限制使得泥河沟村人在相当漫长的历史中只能在枣林遍布的"枣花源"内艰难生活,直到2020年才摘下"贫困帽"。

闭塞的环境造就了泥河沟村独特的景观和风貌。泥河沟村拥有世界上栽培历史最长、面积最大、品质最好的千年古枣园系统,园内共有各龄枣树1 100余株,其中树龄300年以上的枣树有360株,30余株枣树树龄已逾千年,最古老的一株枣树树龄为1 400余年。2013年5月,千年古枣园系统被国家农业部列为全国首批,也是陕西省第一个中国重要农业文化遗产。2014年4月,千年古

---

① 孙庆忠.枣缘社会:陕西佳县泥河沟村文化志[M].上海:同济大学出版社,2018:12.

枣园系统被联合国粮食及农业组织认定为全球重要农业文化遗产,是中国西北地区第一个入选全球重要农业文化遗产的农业系统。此外,泥河沟村还拥有多项国家级及省级荣誉称号。2014 年,泥河沟村因完整的旱作农业景观和山地传统聚落形态,入选第三批中国传统村落名录。此外,泥河沟村以窑洞为代表的陕北特色民居保存完好,拥有不可移动文物 13 处、国家级文物保护单位 1 处,传统建筑占村落建筑总面积的比例达 60% 以上。2016 年,泥河沟村被评为"乡村旅游示范村""中国美丽乡村百佳范例"。2017 年,泥河沟村被陕西省水利厅评为"省级水利风景区"。

(二)缘起

泥河沟村的艺术乡建实践起源于各种偶然因素碰撞的机缘巧合,也是各种便捷实践失败后的复杂却必然的选择。党的十九大报告强调:"要坚持农业农村优先发展,按照产业兴旺、生态宜居、乡风文明、治理有效、生活富裕的总要求,建立健全城乡融合发展体制机制和政策体系,加快推进农业农村现代化。"习近平总书记指出,产业兴旺是乡村振兴的基础,是解决农村一切问题的前提。具体到泥河沟村的实践,自开展脱贫攻坚以来,泥河沟村一直在不间断地摸索符合自身条件的产业发展道路。

在第一产业方面,泥河沟村处于黄土高原地区,地形破碎,降水较少,土地肥力不足,第一产业一直以枣树种植、养羊为主。在人口流失严重、村落空心化的大背景下,枣林尤其是山地枣林早已出现大面积撂荒情况,养殖业也一直处于散户养殖的状态。近十年来,由于气候条件变化,红枣成熟季总逢连绵阴雨,导致红枣歉收甚至绝收,再加上红枣市场竞争加剧,使得价格偏低,因此村民的红枣收入一直处于较低水平,不少村民一年依靠红枣带来的收入不足 5 000 元。此外,佳县被划入封山禁牧区后,原本可以散养的羊需要进行圈养,购买草料使得养殖成本上升、收益下降。面对这样的困境,村集体曾尝试流转枣林进行集中管理,但由于人力成本过高、红枣价格波动及恶劣天气等原因,未能产生收益。利用脱贫资金建设的养鸡场出于养殖户个人的原因也未能产生收益,目前仍处于闲置状态。由此来看,第一产业难以成为泥河沟村的支柱产业。

在第二产业方面,作为偏远山区的小村落,泥河沟村难以承载较大规模的工业项目,只能从农产品加工业方面寻求突破。然而,资金、人力的不足以及交通条件的限制使得泥河沟村的加工业发展缓慢。在脱贫攻坚时期,佳县政府投资300万元为泥河沟村建设了一座红枣加工厂。但由于缺乏资金、人力,加工厂一直没有运营。2022年在村委会的努力下,村集体引进一家榆林市的农业企业运营加工厂,村集体以加工厂入股,企业每年支付村集体固定租金10万元并根据经营状况为村集体分红。由此来看,第二产业在泥河沟村虽有一定的发展,但同样缺乏前景。

因此,第三产业便成了泥河沟村在产业发展方面的最后选择。泥河沟村背靠两山,面向黄河,自然风光秀丽,半封闭、鳞次栉比的村落形态在保证可进入性的同时又保留了古村落的神秘性。同时,村内拥有全球重要农业文化遗产——千年古枣园系统,枣林遍布,庙宇林立,还保留了完好的陕北窑洞聚落形态,旅游资源丰富。此外,泥河沟村作为千年古村落,拥有经过漫长时间积淀的历史记忆和文化传统。2014年6月,中国农业大学人文与发展学院社会学系教授孙庆忠带领学生来到泥河沟村开展全球重要农业文化遗产地调研。利用2014—2017年共四年的时间,孙庆忠团队走访了村内上百位村民,将成果集结为《村史留痕:陕西佳县泥河沟村口述史》《枣缘社会:陕西佳县泥河沟村文化志》《乡村记忆:陕西佳县泥河沟村影像集》三本书出版发行。孙庆忠团队的调研活动发掘保存了泥河沟村珍贵独特的千年乡村记忆和文化传统,扩大了泥河沟村的知名度与影响力,同时作为艺术乡建最初的尝试拓展了泥河沟村村民、村干部与佳县领导干部的思路。出于上述诸因素的考虑,乡村旅游成了泥河沟村产业发展的主要发力点,而乡村旅游与艺术乡建在泥河沟村的耦合则离不开政策环境的影响与主要领导的支持。

2017年是泥河沟村乡村旅游发展的元年,并且在时任佳县县委书记、县长的支持下迅速进入快速发展期。时任县长为泥河沟村引入具有一定艺术能力的建筑设计师,对整村进行了规划并开展了一定体量的建筑改造,泥河沟村第一次有了艺术乡建的具体实践。2019—2021年,由于佳县县委、县政府主要官员的变更及佳县发展重点的改变,泥河沟村的乡村旅游发展进入停滞期。2021年,新任县委书记上任后着力推进佳县全域旅游示范县建设工作,县委、县政府印发了《佳县发展康养旅游 构建全域旅游新格局 助力乡村振兴的实施意见》《佳县2022年全域旅游示范区创建任务分解方案》等政策文件,泥河沟村成为乡村旅游建设的重点,泥河沟村的艺术乡建也迎来了新的机遇。

(三) 实践

泥河沟村艺术乡建实践的发展经历了从无意识到有意识、从零散到系统的落地过程。回望泥河沟村五年的艺术乡建实践,可以将其概括为综合情感激活、景观再造与亲身参与三位一体的情感和物质工程。

1. 情感激活

情感激活指的是通过引导在地主体对于本土的重新认识,恢复在地主体对本土的情感连接,同时建立外来者与当地的情感联系,这是泥河沟村艺术乡建的起点。孙庆忠团队进行的农业文化遗产调研和口述史采访写作(图1)是情感激活计划付诸实践的第一步。孙庆忠团队通过扎实的田野工作挖掘和整理了泥河沟村的文化传统与村民的人生故事,并在当代语境中重新阐释了传统与故事的新意义,"把村庄的历史与当下连接在了一起,让这个没有历史记载的村落,从此有了厚厚的文化积累"[①],"让没有自信的老人感受到自我存在的意义和价值,让他们有了守望的热情"[②]。在这个过程中,村民通过故事和文化讲述以及外来者的认可,体会到自身平凡生活和本乡故土的独特价值,从中重获尊严感和认同感,并获得与外来者交往的经验和新的知识与观念。孙庆忠团队则在一个个生动的泥河沟故事和传统中,"在历史与现实碰撞中找到自身存在的真实感"[③],与泥河沟这样一个籍籍无名的偏僻山村建立起深厚的情感联系,从泥河沟村"铁姑娘队"王春英、老妇女主任郭宁过、石匠武子勤、艄公武占都、铁匠武耀增等一个个劳动人民身上感受到不同于城市的别样生命力。泥河沟村的艺术乡建从来都不是也不应该是单向的启蒙或灌输,而应该是也一直是在地化的主体与外来者的相互启发与教育。散落在湾塌坡峁梁中的本土生存经验

---

① 孙庆忠.村史留痕:陕西佳县泥河沟村口述史[M].上海:同济大学出版社,2018:20.
② 孙庆忠.村史留痕:陕西佳县泥河沟村口述史[M].上海:同济大学出版社,2018:24.
③ 同上。

和历史智慧从来不比建制化和学院派的外来及现代知识肤浅低级。"受苦人"和"艺术家"的相互教育与接纳是泥河沟村艺术乡建故事的开端。

图 1　孙庆忠主编的《村史留痕:陕西佳县泥河沟村口述史》

在孙庆忠团队出版《村史留痕:陕西佳县泥河沟村口述史》四年后,我们再次启动泥河沟村乡村记忆馆的建设工作,巩固、加深"受苦人"和"艺术家"对泥河沟村的感情。之所以说"再次启动",是因为在孙庆忠团队完成口述史采访和撰写工作不久的时候,孙庆忠团队便与当时的县政府协商建设泥河沟村乡村记忆馆,但是由于理念的差别和施工方的粗制滥造,这一计划早早夭折。2022 年泥河沟村适逢新的发展机遇,我们与来自台湾、广州、北京等地的建筑设计师、平面设计师与策展人合作,以孙庆忠团队出版的口述史图书为蓝本,对泥河沟村原小学旧址十一孔窑进行了建筑改造和展陈设计。我们认为在新时代重新讲述泥河沟故事,有三个层面的意义。一是留住"受苦人"的历史记忆。泥河沟村的乡村记忆是时代记忆水系中互相连通的个体记忆构成的流动水域,既脱不开个体生命的底色,也摆不脱汇入时代水系的命运。我们讲述的泥河沟故事无关风花雪月的才子佳人,无关光耀门楣的达官显贵,无关家财万贯的巨商富贾,而是关于 20 世纪中国农民的集体抗争和奋斗,关于中国农民的劳动和生命,关于中国农民的理想与感情。我们打捞和捕捉的是泥河沟村失落或即将失落的故事,也仅仅是泥河沟村的故事,但是我们希望它可以成为佳县故事、榆林故事、陕西故事、中国故事。二是通过情感重新俘获青年。乡村如何重新俘获青年? 情感和理想感召似乎应是开出的第一方药剂。重讲泥河沟故事是调用将逝未逝的历史资源,重塑从泥河沟走出的青年与泥河沟间联系的情感工程。泥河沟村的记忆不是纯粹的个人经验而是经过时间熬煮的集体感情。集体所提供的情感浓度足以感召绵延群山之中、广袤平原之上、蜿蜒海岸之畔永远年轻的革命人。三是在泥河沟村的过去中寻找关于未来的灵感和答案。记忆作为时间的媒介和历史的载体,非线性地展示着泥河沟村"何以至此"的逻辑和证据。作为宏大时代变迁下的具体缩影,不同泥河沟村人的记忆碎片、皮肤褶皱、房屋家具、生产工具相互连接,或明确或隐晦地勾勒出如黄河水系一般蜿蜒曲折、交叉纵横的泥河沟村历史前进的因果网络。这些普遍或另类的因果,提示着关于理解泥河沟村历史的更多可能性,提供着关于泥河沟村当下发展的丰沛能量,成为指向未来的历史遗产。书写记忆不单为了怀旧,更是要照亮对当下的理解。总而言之,作为情感工程的泥河沟村乡村记忆馆是激活各类群体对泥河沟村情感的重要环节。

除此之外,我们策划拍摄了关于村庄的宣传片,邀请设计师创作了关于村落的文创产品,重新设计了泥河沟村千年红枣的产品包装,还正在策划出版一本集结村民自己创作的文字及关心泥河沟村的各类人士写作的文章的图书。这些融合了传统与现代的艺术产品对泥河沟村的阐释和再现同时强化了"受苦人"和"艺术家"对泥河沟村的认同感。

2. 景观再造

当情感激活工作重新塑造了村民对村庄的认同感并使得"受苦人"和"艺术家"能够互相信任接纳之后,关于村落的物质性改造便可以开启了。村落的物质性改造是发展乡村产业,培育乡村"造血"能力的关键步骤。具体到大力发展乡村旅游产业的泥河沟村,村落的物质性改造主要指的是村落的景观再造。为避免零敲碎打式的改造及改造风格不协调、不统一的情况出现,整村规划是我们开展全村景观再造的第一步。我们首先与来自创颖(西安)旅游规划设计有限公司、中科建(北京)建筑规划设计有限公司·原本营造工作室等单位的设计师合作，编制了两版村落规划，依照规划对村内步道、厕所等进行了改造，完善了村内绿化、亮化设施，整体提升了村内基础设施质量。随后我们委托设计师在兼顾村落实际情况和传统风格的基础上，新建和改造了部分景观建筑。公共服务中心（图2）、枣园客栈、枣园旱厕（图3）、金狮银象山观景台等一系列景观建筑的改造整体提升了村落品质。其中，枣园旱厕及金狮银象山观景台还获得了一些建筑类奖项。除了艺术属性较强的景观建筑改造工作，我们还落地实施了一系列作为乡村旅游产业基础设施的商业建筑，即枣园民宿。我们与乡村民宿领域的知名品牌北京隐居乡里农业发展有限公司签署了合作协议，由其在村内设计了十套院落进行乡村民宿开发，采用"政府投资+公司运营+村集体分红"的方式进行后续运营。十套院落的开发是泥河沟村乡村旅游产业的核心与支柱，同时也是现代设计艺术与传统村落的融合。

图2　正在修建中的公共服务中心

图 3 枣园旱厕

3. 亲身参与

情感激活和景观再造两项工程主要依靠以主动姿态介入乡村生活的"艺术家",但是乡村振兴或艺术乡建从来不能摆脱"受苦人"而实现为"受苦人"创造美好生活的目的。因此,如何恢复"受苦人"曾经强烈的对村落而不是对私产的主体意识,锻造出乡村振兴所需要的农村主体便成为需要解决的重要问题。泥河沟村的艺术乡建实践主要依靠文学和艺术的方式吸引在地村民亲身参与各种活动,让村民重新融入集体和公共生活中,从而重塑村民的主体意识和知识结构,以探索解决这一问题的路径。

第一，从村民最熟悉和容易接受的文艺活动入手。泥河沟村拥有一座历史接近千年的古寺——佛堂寺，这是佳县规模最大的民间寺庙，每年农历三月十二的佛堂寺庙会是泥河沟村最重要的节庆活动之一。佛堂寺的日常运营与庙会的筹办等工作都由16人组成的群众性组织"佳县佛堂寺佛教协会"负责（图4），庙会主要活动是唱大戏（图5）。2022年在继续发挥佛堂寺佛教协会作用的基础上，村委会也积极参与到庙会活动尤其是三天唱戏活动的组织中。庙会期间，村委会还出资请全村村民吃了一顿羊肉饸饹面，加强了村民之间、村民与村委会之间的联系。此外，2022年我们还与北京大学的同学共同举办了泥河沟村乡村音乐会，所有节目全部出自村民与学生。村民们上台表演陕北秧歌、陕北说书、快板等一系列具有地方特色的节目，同学们则学唱陕北民歌，过去与未来，传统与现代在泥河沟村的夏夜交融汇合。泥河沟村的集体生活便在村民乐于参与的文艺活动中逐渐重塑了起来。

图 4　庙会管理者登记捐资情况

图5　村民聚集看戏

第二,注重用新的形式让村民参与集体商议和决策。泥河沟村自古以来便有集体议事的传统,村落核心区域有一块名为"人市儿"的公共空间(图6)。"据传,人市儿是由泥河沟村武姓四个家族中有威望的长老聚集在此议事而来的。人市儿原本有'祠堂'的作用——专门用来判是非、断对错和商讨家族大事。曾几何时,在这里年轻小伙子没有轻言谈论的余地,妇女们也没有参与的资格,如果有哪个竖子、泼妇犯下过错,便要在人市儿上接受列坐的族中长者的教训和惩罚,并以此警示其他村民。或者谁家起了争执需要评理,都会通过这些长老进行调解。"① 如今,村民仍在此谈天说地,讨论村内乃至国家大事。2016年7月14—21日举行的佳县古枣园文化节暨泥河沟大讲堂是继承人市儿的公共精神让村民参与集体和公共生活的重要尝试。我们邀请了专家、学者、艺术

---

① 孙庆忠.枣缘社会:陕西佳县泥河沟村文化志[M].上海:同济大学出版社,2018:22.

家、设计师、村民、政府官员、关心泥河沟村发展的志愿者等多重主体在大讲堂上开设讲座,发表自身对于村落发展、农业文化遗产保护等主题的意见和看法,为之后村民参与集体活动提供了良好的示范。

图 6　在人市儿前聚集的村民

第三,强调让村民参与艺术乡建的具体过程。2022 年暑假,我们与北京大学新闻与传播学院暑期实践团联合在泥河沟村开设了黄河照相馆,用影像的方式记录村庄的历史。被主流影像忽视的劳动者——泥河沟村村民,成了我们重点关注和呈现的对象。作为"受苦人"的村民自然地在镜头前展示了他们经过艰苦劳动之后留下的生活痕迹,让"艺术家"更深刻地理解了毛主席在延安文艺座谈会上的讲话中所说的"我们的文艺应当'为千千万万劳动人民服务'"的道理。村民们通过亲身参与摄影过程,重新发现了自身的价值和村落的美,并获得了关于艺术的新知识。此外,2022 年我们通过爱故乡团队参与了"村歌计划",组织 20 余位村民进行了泥河沟村村歌集体创作。村民们通过回忆生命故事、村庄故事,思考泥河沟村的过去、当下与未来,与外来的"艺术家"创作村歌歌词,调整村歌旋律并共同演唱村歌。泥河沟村村歌《红枣枣》(图 7)熔铸了泥河沟村的历史、泥河沟村村民的乡愁与外来者的期盼。

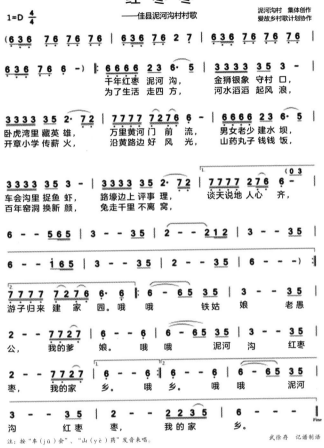

图 7 村歌《红枣枣》曲谱

（四）博弈

泥河沟村的艺术乡建强调多元主体的参与和协作。从大的概念上分类，泥河沟村艺术乡建的参与主体可以分为以"艺术家"为代表的外来者和以"受苦人"为代表的本地人。具体而言，在泥河沟村的实践中，外来者主要包括艺术家、学者、设计师、志愿者、学生等主体，本地人则主要包括县级及乡镇政府、村委会、村民、施工方①等主体。本地人与外来者、本地人之间在利益、理念等方面

---

① 考虑到施工成本等因素，本地项目建设一般均使用本地施工队而不从外地调用施工人员，因此将施工方划入本地人群体。

的冲突在泥河沟村屡见不鲜,这些复杂的矛盾如果解决不当便是泥河沟村艺术乡建跨越不了的天堑,而如果解决适当则会是实现更高质量艺术乡建的助推剂。

1. 矛盾集

由于知识结构、工作方式、生活经历的差异,泥河沟村艺术乡建实践中最显而易见的矛盾便发生在本地人与外来者之间。外来者与当地政府、村委会之间的矛盾主要发生在理念层面,一方面外来的艺术家、设计师等难以在短时间内吸收消化本土特色进行作品生产,另一方面本地领导难以接受外来理念和作品,甚至不乏利用外来"新潮"理念和艺术家、学者名号包装工程项目的情况。泥河沟村乡村记忆馆的第一次建设便出现了名义上按照孙庆忠及原本营造工作室设计方案执行而实际上完全自行施工的情况,导致学者、设计师与当地政府出现巨大分歧。外来者与施工方之间的矛盾主要发生在执行层面。外来者在项目建设中是设计方,施工方则是执行方。设计方与执行方之间天然地存在一定的猜忌与不信任,再加上外地与本地的差异,这种猜忌与不信任会被放大。作为设计方的外来者抱怨施工方核对图纸不认真、确认主材不细致、施工细节不沟通、施工做法不讲究等不按照设计施工的行为,而作为执行方的施工方则会指责外来者不熟悉当地建筑风格与结构、材料特性、工人做法等。再加上双方语言表达、工作习惯的差异,很多项目的施工过程总是一波三折。泥河沟村民宿的建设和乡村记忆馆的二次建设反复遇到类似问题。作为对比的是,外来者与泥河沟村村民之间总是保持着良好融洽的关系。外来者在与村民交往的过程中总是以学习的态度保持着极大的尊重与耐心,村民也总是展现着千百年来延续下来的淳朴与热情,不少村民还与外来的艺术家、学者、志愿者保持着密切的联系。

泥河沟村艺术乡建最频繁的矛盾发生在本地人之间。各级政府、村委会之间的矛盾既表现在理念层面也表现在职责分工层面。上级政府的建设理念与泥河沟村村委会的整体思路经常出现摩擦与冲突。在这种情况下,村委会往往会在明面上对作为资源提供者的上级政府言听计从,对其提出的"无伤大雅"的微小改动也立行立改,但对于"伤筋动骨"的大动作则会使用软性的方式予以对抗,诸如用地纠纷、物权纠纷、村民不配合等可小可大的问题都会被当作搪塞的借口。县级政府与乡镇政府之间,县级各部门之间,县级各部门与乡镇政府之间的任务划分和职责分工问题也会成为政府部门之间矛盾问题的焦点。泥河沟村的艺术乡建是一个系统工程,往往涉及多个部门的协同与配合。乡镇政府作为熟悉泥河沟村情况的直管单位,由于资金和专业性的问题,往往在项目实施过程中只承担环境保障的任务而不承担主体责任。在这种情况下,乡镇政府没有实施主体任务的压力,便也缺乏了为主体单位提供更高质量环境保障的动力,很多项目的进度因此停滞。泥河沟村的民宿改造项目经过三年推进至今尚未完全结束就有这方面的原因。施工方与村民的矛盾主要表现在施工质量和设计的满意程度上。在民宿改造项目中,虽然村民已经签订了房屋和宅基地流转协议,但是依然有村民会干预民宿建设过程。村民对民宿改造的最大期待是坚固耐用,而设计和施工方则更多考虑商业和艺术价值,双方往往在这些问题上产生矛盾,村民阻碍施工的事件时常发生。村民与村民间的矛盾主要发生在土地纠纷上。泥河沟村土地划分一直比较混乱,村民对土地几乎都是秉持着寸土不让的态度,因此诸多项目建设均会出现用地纠纷。

2."中间人"

为了解决以上问题,泥河沟村在数年的艺术乡建实践中逐渐探索出了以"中间人"来缓冲、协调、解决矛盾的办法。所谓"中间人",就是在不同主体出现矛盾时有能力进行居中调停的人。1988年出生、2021年开始担任泥河沟村党支部书记的武江伟是目前泥河沟村最成功的"中间人"。自其上任以来,泥河沟村如民宿改造项目、村歌创作、黄河照相馆、乡村记忆馆等重要艺术乡建项目均取得了重要进展。总体而言,武江伟所具备的以下三个特质让他成为泥河沟村艺术乡建实践中比较适合的"中间人"。

第一,武江伟是土生土长的泥河沟村人,对村内情况熟悉,对村庄感情深厚,同时其父辈祖辈也都做过村里的负责人,家族整体在村内比较有威望,这使得他能够受到村民的支持与信任。第二,武江伟有大专学历,在西安接受了一定的高等教育,同时脑子灵活、比较好学,对新鲜事物接受能力强,能够逐步理解、认同外来"艺术家"的一些理念和作品,在不断地与外来者交流的过程中树立起一套自己关于泥河沟村艺术乡建的观念和判断标准,这使得他能够逐渐平等地跟外来者对话。第三,武江伟有在国企做行政工作的经历,对政府系统有一定的了解,同时自己做过工程项目,与一些政府官员、施工方有良好的私人关系,这使得他熟悉当地人际交往和政府运行规则,能够并善于使用"本地化"的方法去协调问题。武江伟作为泥河沟村的核心节点,将外来者、村民、政府、施工方等主体连接在一起,完成了很多相当复杂的矛盾解决任务。

在当下由"艺术家"主导的艺术乡建体系中,"艺术家"被视为最合适的"中间人",以协调各方,推进项目落地,渠岩便认为:"艺术家通过不同主体沟通与协商的方式,修复人与人之间的关系,通过交流的过程体现个体和群体之间积极的互动关系。"[1]然而通过泥河沟村的实践,我们认为从在地主体中选择"中间人"可能是更好的选择。"艺术家"所提供的外来知识、理念等虽然难度大但是可以习得,在地主体的信任和交往规则几乎无法习得,而几乎所有的艺术乡建工作都要有在地主体的信任和支持才能顺利开展。

三、结语

泥河沟村的艺术乡建实践仍然处于探索期,众多参与主体还是凭着一腔热血和对村落的感情在完成各种实验项目。虽然尚未取得大的成就,但是泥河沟村的艺术乡建实践依然为乡村振兴等命题开拓了新的理论和实践空间。

从最直接意义上讲,泥河沟村的艺术乡建实践在一定程度上美化了村民的人居环境,改善了村民的精神面貌,丰富了村民的文化生活,让处于偏远山区的泥河沟村人甚至佳县人接触到了来自北京、台湾,甚至海外的知识和观念,泥河沟村逐渐在真正意义上融入现代世界的版图。对于外来者,泥河沟村是他们施展才华与本领的舞台,同时也是他们接受再教育的基地。千年村落的传统、红色革命的历史、劳动人民的经历、中国农村的底色,无不提供着现代城市里缺失了的也难以再产生的生命力。

从实施乡村振兴战略的意义上讲,泥河沟村的艺术乡建实践在陕北农村探

---

[1] 服务器艺术.讲座文稿|跨界互涉:艺术乡建从实践到方法,再到学科建设(艺术乡建系列讲座No.3)[EB/OL].(2022-06-18)[2022-10-21]. https://mp.weixin.qq.com/s/D7Ytyxc81Th2_HUhz4ipeA

索了艺术在乡村振兴中的可能性。泥河沟村的艺术乡建实践有效地促进了乡村旅游业的建设与发展,提升了村落发展的"造血"能力,同时也探索了在"空心村"发展产业的可能性。泥河沟村的艺术乡建实践构筑了重新俘获人才的磁场,通过艺术实践吸引更广阔范围内的优秀人才共同进行乡村建设,这可能是乡村吸引人才的新路径。泥河沟村的艺术乡建实践在创造新文化的同时保护旧文化,通过挖掘旧传统与引入新理念相结合的方式营造了浓厚的文化氛围,孕育了培植新希望的可能性。

在不确定的时刻,我们总要回望乡村。在新时代,我们对泥河沟村进行重估和摸索,目之所及,都是关于未来的灵感和答案。

基于乡村振兴的乡村国土空间治理实践与探索
——以成都市为例

杨振兴　汤佳音

作者简介

杨振兴,重庆永川人,出生于1988年10月,北京大学环境科学与工程学院环境工程专业2011级硕士研究生,毕业后选调至四川省,曾在四川成都等地工作十年,现任雄安新区自然资源和规划局副局长。

汤佳音,西南财经大学会计专业2009级硕士研究生,乐山师范学院旅游与经济管理学院会计、财务专业专职讲师。

摘　要:新时期乡村振兴战略面临的挑战与国土空间治理问题密不可分。本研究基于乡村振兴对空间治理的内在需求和逻辑关系,聚焦破解现存问题,以"三区三线"划分夯实空间基底,以"走廊+片区"塑造发展格局,以片区规划调优配强资源要素,以土地整理优化乡村形态,以改革创新保障工作推进,提出"五个三"空间治理策略,并构建意见征询、决策参与、民主监督、社会管理四大机制,旨在探索一种"上下结合"协商式的乡村国土空间治理模式,推动乡村国土空间更好地服务于实施乡村振兴战略,助力乡村地区空间治理体系和治理能力的现代化。

关键词:乡村振兴;国土空间治理;协商式治理

一、引言

2017年10月,习近平总书记在党的十九大报告中提出了实施乡村振兴战略,即"要坚持农业农村优先发展,按照产业兴旺、生态宜居、乡风文明、治理有效、生活富裕的总要求,建立健全城乡融合发展体制机制和政策体系,加快推进农业农村现代化",自此全面推进乡村振兴成为全党"三农"工作的总抓手。党的二十大报告中指出,要全面推进乡村振兴,坚持农业农村优先发展,巩固拓展脱贫攻坚成果,加快建设农业强国,扎实推动乡村产业振兴、人才振兴、文化振兴、生态振兴、组织振兴,全方位夯实粮食安全根基,牢牢守住18亿亩耕地红线,确保中国人的饭碗牢牢端在自己手中,再次明确了推进乡村全面振兴在推进中国式现代化进程中的重要作用。

2019年5月,《中共中央 国务院关于建立国土空间规划体系并监督实施的若干意见》架构了国土空间规划的"四梁八柱",强调要发挥国土空间规划体系在国土空间开发保护中的战略引领和刚性管控作用,统领各类空间利用,把每一寸土地都规划得清清楚楚。2021年4月,《中共中央 国务院关于加强基层治理体系和治理能力现代化建设的意见》指出,通过加强基层治理能力建设,使乡镇围绕全面推进乡村振兴等任务开展相关工作。乡村国土空间作为空间治理体系的底层空间,在落实国土空间用途管制基础上,构建适应农村基本经营制度的乡村国土空间治理理论体系和实施路径,有利于完善空间治理体系和提高空间治理能力。

成都市自开展城乡统筹试验区改革及"5·12""4·20"两次地震灾后重建以来,围绕"人到哪去""钱从哪来""地怎么管""形怎么塑"等问题主动探索创新,规划理念从"三个集中—四性原则—小组微生—城乡融合"不断跃升,工作思路从"点状突破—串点成线—连线成片—片区引领"迭代演进,在全国首创乡村规划师制度,率先设立社区发展治理委员会,推行"一核多元"党建引领的社区发展模式,建立"1规定+2办法+N细则"的乡村规划标准体系,构建"5大战略功能区+5条乡村振兴示范走廊+N个城乡融合发展单元"的乡村振兴空间格局。通过实施增减挂钩、易地扶贫搬迁、危房改造等政策,成都乡村发展水平不断提升,城乡差距进一步缩小,农村人居环境持续改善。据统计,成都近十年乡村人口向城镇转移107.17万人,常住人口城镇化率达到78.77%,人均可支配收入达26 432元,"十三五"期间城乡居民收入比由1.95缩小至1.84。近年来,先后涌现出寇家湾、周河扁等灾后重建示范点位,荷桥村、协议村等脱贫攻坚示范点位,战旗村、竹艺村等乡村振兴示范点位,青杠树村、明月村等全国"十大最美乡村",老百姓实现了"住上好房子、过上好日子、养成好习惯、形成好风气",成都乡村成为令人向往的"诗和远方"。在推进乡村全面振兴的大背景下,作为城乡统筹、城乡融合等多项重大改革的试点城市,成都立足大城市带大农村的基本市情和国家治理现代化需求,基于以乡村地区国土空间治理制度性集成创新,构建具有中国特色的乡村振兴体系,具有理论和实践创新意义。

二、论乡村国土空间治理与实施乡村振兴战略

乡村国土空间治理是以乡村地区的国土空间为治理对象,在政府、市场、社会群体等乡村多元主体的共同参与下,通过规划和协商等方式,治理不适应乡村经济社会发展的空间形态,落实乡村国土空间用途管制策略,进而实现乡村国土空间结构与功能优化,推动城乡空间公平配置的综合治理过程。[1] 乡村振兴的五个路径与乡村国土空间治理目标的对应性构成二者在乡村振兴科学体系中的衔接关节点,乡村国土空间治理将是打开乡村振兴的重要钥匙。探讨乡村国土空间治理与乡村振兴的内在逻辑关系具有现实意义,具体表现在以下五个方面。

第一,产业振兴是乡村全面振兴的基础。根据片区产业发展特点,采取不同的国土空间布局和用地保障模式,打通镇与镇、村与村之间的壁垒,推动产业集中连片发展,做特做优特色优势产业,为打通振兴乡村发展的路径扫除空间障碍。

第二,人才振兴是乡村全面振兴的关键。以镇级片区或村级片区为单元开展国土空间治理,整体推进农用地整治、建设用地整治和生态保护修复,将国土空间治理与高标准农田建设、农业现代化、大地景观再造、川西林盘保护修复等相结合,塑造"岷江水润、茂林修竹、美田弥望、蜀风雅韵"的大美蜀乡盛景,增强乡村对人才的吸引力,是完善人才振兴的关键举措。

第三,生态振兴是乡村全面振兴的支撑。通过强化国土空间用途分区,以资源环境承载能力和国土空间开发适宜性评价为基础,优化农业、生态、城镇空

---

[1] 戈大专,陆玉麒,孙攀.论乡村空间治理与乡村振兴战略[J].地理学报,2022,77(4):777-794.

间,严格划定生态保护红线,以增加生态碳汇为导向,优化绿道、蓝网、林网等生态空间格局,更好锚定公园城市乡村生态本底。

第四,文化振兴是乡村全面振兴的根本。统筹划定历史文化保护线,全面梳理片区内历史文化资源(如传统村落、保护林盘、乡土建筑、历史环境要素及非物质文化遗产资源)和乡愁资源(如山水田林、路桥涵垾等),明确各类文化资源保护利用方案,有条件区域可结合景观节点规划布局历史文化、农耕文化、乡愁文化、在地文化展示设施。

第五,组织振兴是乡村全面振兴的保障。在更大范围国土空间内统筹党组织、集体经济组织等资源,以发挥组织资源价值最大化为导向,通过建立镇级片区区域化党建联席会议制度,以中心镇党委为纽带建立片区治理力量统筹调度、联动协同工作机制,以中心村为纽带建立村级片区"乡村联合体",健全"行政村党组织—村民小组党组织—党员联系户"乡村片区组织体系,推动社区治理向居民小区、院落等微观单元延伸,实现基层事情基层办、基层权力给基层、基层事情有人办。

三、乡村振兴下的乡村国土空间治理面临的困难与挑战

第一,人均耕地面积较少,"人地挂钩"不协调。成都市常住人口2 093.8万人,耕地面积486.45万亩,人均耕地面积为0.23亩,远低于全国1.46亩的人均耕地面积、全省1.2亩的人均耕地面积,也远低于联合国粮食及农业组织确定的0.8亩人均耕地警戒线。随着城镇化进程的不断深化,人均耕地面积进一步减少,在国家严守18亿亩耕地红线,城市耕地资源匮乏的严峻形势下,未来调减耕地难度大,耕地保护压力大。

第二,土地权属分散,产业聚集效率低。全市集体土地1.14万平方千米,村平均辖区面积约4 200亩,组平均辖区面积约400亩,集体经济组织数量多,土地权属分散。全市村庄用地1 406平方千米,单一村庄多,自由分布形式多,结构松散。全市农用地图斑总数约190万个,其中小于5亩的图斑约139万个,占比约73%。全市农用地承包经营权证分散为1 010万个,平均每个权证面积1.62亩。土地权属高度分散,小农生产特点明显,农业聚集规模效应难以发挥。

第三,用地结构不佳,系统耦合效率低。全市农村居民点用地164.4万亩,

由 422 526 个图斑组成,全市农村人均建设用地 153 平方米。与北方村庄村民高度集中居住不同,成都市农村居民点分布散乱,属典型的"有村无庄"。此外,成都市通过城乡建设用地增减挂钩平台,新建农村集中居住区约 1 800 个,总用地面积 48.58 平方千米,平均每个集中居住区用地规模约 40.5 亩,其中最大的 287 亩,最小的仅 2 亩。尽管农村集中居住区按照"1+N"配套建设公共服务设施和基础设施,但较城市而言,由于用地规模偏小,配套公共服务设施水平仍不高。

第四,农村建设无序,各类建设侵扰生态。由于过去规划管控不严、农村基础设施欠缺等因素,建设用地空间布局无序,用地布局不合理,川西旅游环线以西的山区,分布散乱的建设用地挤占了优质的山地生态环境空间,农村地区"夹道"建设发展较为普遍。郫都区和都江堰市水源二级保护区内现状建设用地规模近 6 平方千米,其内农家乐等较低端服务设施随意选址建设,"夹水"建设现象较为突出。

第五,产出效率偏低,地区之间差距明显。成都市建设用地承载的 GDP(国内生产总值)主要是以国有建设用地为主,集体建设用地所承载的 GDP 相对有限。各区(市)县地均 GDP 与集体建设用地面积所占建设用地面积比例呈现出较明显的负相关,地均 GDP 产出最高的高新区集体建设用地占区域建设用地面积比例最低,而简阳市集体建设用地比例占该市建设用地面积比例最高,地均 GDP 产出却垫底,可见当前成都市集体经济效益仍显低下,农村地区发展潜力巨大。

四、面向乡村振兴的乡村国土空间治理路径探讨

(一)以"三区三线"划定为抓手,夯实公园城市乡村空间基底

第一,保护永久基本农田。严格落实四川省自然资源厅下达的永久基本农田保护目标,基于农业适宜性评价,保护温郫都灌区农业区、人民渠灌区-毗河青白江农业区、崇大灌区农业区、邛蒲丘陵农业区、双流-新津农业区、东部丘陵农业区 6 片农业集中发展区中的优质耕地,保障粮食生产功能区、重要农产品生产保护区建设,且农业集中发展区内耕地面积占全市耕地面积比例不低于

60%。坚持耕地数量、质量保护并重的原则,确保把优质耕地和经过土地整治的耕地优先保护起来,特别加强西部区域内温郫都灌区优质耕地保护,建设1个十万亩粮油产业带、10个以上十万亩粮油产业园区、100个万亩粮经复合产业片(园)区,打造更高水平的"天府粮仓"成都片区。

第二,守护生态保护红线。严格遵循中共中央办公厅、国务院办公厅印发的《关于在国土空间规划中统筹划定落实三条控制线的指导意见》,成都市初步划定生态保护红线约1 500平方千米,约占市域面积的10%。包括自然保护地、水源地以及双评价中生态保护极重要区、生态极敏感脆弱区等,确保生态功能不降低、生态红线面积不减少、土地性质不改变。

第三,严控城镇开发边界。按照国家对超大城市转型发展要求,围绕成渝地区双城经济圈、成都都市圈建设等重大战略部署,落实践行新发展理念的公园城市示范区建设要求,按照增存并重、集约高效的要求,持续推动城市格局由"两山夹一城"向"一山连两翼"转变。引导城市向东、南方向发展,城镇新增发展空间规模重点向城市南部和龙泉山以东区域倾斜。同时,优化城市用地结构,立足强功能、补短板,适度提高公共管理与公共服务等用地占比,提升路网密度,实现用地结构均衡合理,对各区(市)县均保障一定的城镇新增发展空间规模。

(二)以"走廊+片区"为骨架,构建乡村振兴空间发展格局

第一,成片连线,打造乡村振兴示范走廊。依托交通路径、大型基础设施,基于生态环境好、交通便捷,有较高等级道路串联,产业发展有一定条件和基础,旅游资源丰富,文化要素聚集,利于风貌特色塑造六大原则,构建"大美田园""蜀乡风韵""天府农耕""山水乡旅""秀湖云田"五条各具特色的乡村振兴示范走廊,建设具有全国示范意义的生态走廊、产业走廊、景观文化走廊、交通走廊和创新示范走廊。

第二,片区统筹,探索行政区与经济区适度分离。落实省委、省政府关于做好两项改革"后半篇"文章决策部署,按照"打破行政区、划分片区(经济区)"的要求,根据自然地理条件、主导功能和产业发展趋势,划分形成62个城乡融合发展片区。其中,城区带动型片区22个、现代服务业型片区14个、先进制造业

型片区7个、都市农业型片区13个、生态涵养型片区6个,统筹土地、产业、人口等各类要素,推动乡镇资源要素优化配置和空间形态重新整合。

第三,因村制宜,分类推进村庄可持续发展。结合区位条件、产业基础以及资源禀赋,将全域村级片区分为城镇带动型片区、融合发展型片区以及生态保护型片区。这些片区分别对应不同的建设模式,强化分类指导。其中,城镇带动型村级片区主要分布于近郊及产业功能区周边,交通便捷、产业结构复合化,经济相对发达,依靠城区带动,对于这类片区应重点加强村庄和城市的融合,将城市基础设施和公共服务延伸到村庄,但要控制村庄的建设规模,强化规划管理;融合发展型村级片区主要分布于乡村区域腹地,以农业为基础,应强化多村联动,发展以"农业+"为主题的农产品加工、乡村旅游等产业,促进一二三产业融合发展;生态保护型村级片区主要分布于龙门山,水、林、草资源相对丰富,生态敏感度较高或具有较高生态安全战略意义,应重点强化管控,以保护和修复生态空间为主导功能,控制村庄建设用地总量,通过生态移民等措施实现人口向平坝地区转移。

(三)以片区为单元编制规划,统筹生产力布局和资源配置

第一,统筹规划编制。以划定的镇级片区、村级片区为单元编制规划,实现镇级片区规划全域覆盖,村级片区规划应编尽编,以策划定方向、规划定空间、设计定场景,探索一套层层递进的高质量、高水平规划指导体系。在传统的规划编制技术管理体系中,增加前期的策划部分和后期的设计部分,将一级指标分为策划、规划、设计,实现全过程管控。结合土地综合整治,注重川西田园与村庄的相互依存关系,做到开门见山、推窗见绿,以改造居住现代化功能为主,加强第五立面的设计,展现川西林盘建筑的地域风貌,体现场地规划精、建筑设计精、环境营造精、建造工艺精、自然生态美、田园环境美、建筑空间美、人文特色美。

第二,统筹产业布局。引导发展新产业、新业态,推动形成"一片区一主业一特色"的新格局,引导农业采取多样化的用地保障模式,推动产业集中连片规模化发展。延长产业链条,推进产加销贯通、农文旅融合,拓展产业复合功能和增值空间。推动现代农业园区扩面提质,通过点状供地、增减挂钩、新增指标等

保障现代农业园区建设,实现县域特色园区全覆盖。

第三,统筹资源配置。基于人口规划布局片区基础设施和公共服务设施,引导构建不同类型的生活服务圈,满足人的多样化、多层次、多方面需求。推进小学教育资源向乡镇集中、初中教育资源向中心镇集中、高中教育资源向县城集中、教育资源向寄宿制学校集中。推进县域医共体建设,将具备条件的中心镇卫生院打造成县域医疗卫生次中心,优化调整其他镇卫生院规模,提高村级卫生室服务能级,构建片区联动的医疗服务体系。健全乡村三级养老服务网络,镇级片区配置养老院、乡镇配置日托所、村庄配置老年活动室。完善救援设施建设,以镇级片区为单位布局应急救援力量,把片区纳入应急管理服务范围。

(四)以土地综合整治为平台,做优公园城市大美乡村形态

第一,固化优化"三生"空间。以全域土地综合整治推动乡村国土空间布局优化,实施水生态系统修复,保障健康水生态环境。对原生植被进行保护修复,改造林相景观。实施农田生境修复,提高农田生态系统稳定性。实施农用地整治100万亩、农村建设用地整理41.7万亩,为乡村振兴提供要素保障,发挥出"土地整治+耕地保护+生态修复+都市现代农业促进+美丽乡村建设+城乡融合发展"综合效应,增强乡村发展动力。

第二,实施农业空间综合整治。农业空间主要包括龙门山与龙泉山之间的成都平原农业生产区及龙泉山东部农业生产区,是现代农业和农村新产业、新业态空间。将农业空间划分为3个二级分区,包括西部农业区、东部农业区和都市农业区,重点区域包括环城生态区、二绕生态控制区、东部农业区及西部农业区。农业空间的整治应重点开展高标准农田建设和生态农田建设,以提升耕地质量、提高生态服务价值。

第三,实施建设空间综合整治。坚持节约集约,推动公园城市内涵发展。规划至2035年,全域整治农村建设用地278平方千米,节余200平方千米指标。为支持乡村振兴,整治农村建设用地30平方千米用于本地农民集中建房,分年度下达各区(市)县90平方千米的农村建设用地整治任务,并与新增建设用地规模挂钩用于城市发展,同时为支持特色镇建设预期整治农村建设用地80平方千米。

(五)以政策改革创新为保障,激活资源要素推动乡村可持续发展

第一,积极推进"政府主导+市场参与"土地开发模式。乡村振兴战略成败的关键之一是对土地资源价值的掌控。在当前农村集体经济组织运作土地开发建设体制机制和能力需要创新建立和进一步孵化培育扶持的阶段,应明确"政府主导+市场参与"的建设开发基本原则。农村地区开展土地综合整治等系列建设开发的实施主体应贯彻"政府主导"的思想,"市场参与"应在土地开发建设条件成熟阶段,确保土地利用开发由政府和集体经济组织掌控,使得土地资源转化为资本,由政府和集体经济组织全部获得。按照乡村振兴战略总体安排部署,研究符合乡村建设实际的集体建设用地操作主体、土地供应新制度,尽最大可能将农村集体建设用地升值利用掌控在政府和集体手中。

第二,继承土地制度改革,探索激活农业生产要素。借鉴郫都区等农村土地制度改革33个试点区域的成功经验,构建"局部试点—改革扩面—全域推进"的循环改革路径。争取全域开展农村宅基地"三权"分置改革试点,探索宅基地所有权、资格权、使用权"三权"分置的具体实现形式,结合发展乡村旅游、返乡下乡人员创新创业先行先试。集体建设用地租赁性住房主要结合特色镇、产业园区和城郊接合部等区域优先开展试点,将改革红利放在乡村振兴要素聚集支撑节点(特色镇)、产业支撑节点(产业园区)和城乡融合支撑难点(城乡接合部)上。

第三,建立全市统一的农村产权交易市场。依托农村产权交易平台,深化推进农村土地承包经营权、林权、"四荒地"使用权、农村集体经营性资产、农业生产设施设备、耕地占补平衡指标、集体建设用地使用权、农村房屋所有权依法有序流转。开展农村产权抵押融资,提高产权收益,促进农村资本变现能力,解决农村农业发展资金瓶颈。以建设"农贷通"等平台为载体,加快完善农村金融服务体系,探索农村金融、产权交易、农村电商"三站合一"模式,健全农村产权抵押担保、融资风险防控机制。

五、结语:国土空间规划体系下的空间治理模式探析

尽管我国"五级三类"国土空间规划内容和深度都有差别,但对基层而言,

市、县、乡三级规划的管控基本"上下一般粗",规划内容重复叠加,管控的土地要素基本一致,对指标和空间布局管控的层级实质相同,未区分出管控层级。农村地区面积广大,农业结构调整等农村经济调整变化快,与城市用地均在规划区内安排建设用地不同,农村地区建设用地布局规划更为复杂灵活。农村地区应在市级国土空间规划约束管控下编制详细规划,在自上而下的乡村国土空间治理制度设计的基础上,自下而上,立足基层治理现代化,构建意见征询、决策参与、民主监督、社会管理四大机制,找到一种"上下结合"协商式的乡村国土空间治理模式(图1)。

图1 乡村国土空间治理模式示意图

第一,意见征询机制。坚持开门编规划的原则,通过召开村民大会、议事会、座谈会,以及进行问卷调查等方式,在规划编制阶段,由镇村干部带领规划编制单位"住下来、融进去",开展基础调研,收集规划编制相关意见和建议。在方案公示阶段,编制单位应采取通俗易懂的方式对规划定位和目标、空间布局、产业布局、旅游策划、基础设施及配套设施、风貌环境整治规划等内容进行解读。涉及农民集中居住区项目选址、设计施工、户型选择等事项时,应提供多个比选方案,说明各自方案的优缺点,广泛征求相关主体的具体意见和建议,不得违背农民意愿、强迫农民上楼。

第二,决策参与机制。针对规划设计、户型选择等事项,要充分吸纳乡村规划师、村民代表、本地乡贤能人及有关方面的意见和建议,在规划方案报批前,应经村民会议或村民代表会议讨论通过。对于涉及农民集中区的户型设计,通过一户一票的方式决策投票确定设计的户型。在规划批准后,组织编制机关应通过"上墙、上网"等多种方式及时公布并长期公开,方便村民了解和查询规划及管控要求。

第三,民主监督机制。根据具体项目组建村民监督委员会,负责对规划编制实施的关键环节进行民主监督。例如,在规划方案转化施工图环节,由群众监督代表监督户型组合方式、施工总平面图与规划效果的一致性、房屋建筑色彩等;在放线环节,监督施工单位按照施工图放线,防止放线过程走样,因地形地貌等特殊原因需要调整的局部放线环节,需要提交议事会决策决定;在外装风貌样板环节,监督图纸与实际效果的差距、材料材质的选择等。

第四,社会管理机制。由编制单位将规划成果中需村民知晓的内容转化为通俗易懂的村民手册或村规民约,并加大先进规划理念、规划管控要求、土地利用政策等内容的宣讲,强化规划严肃性和权威性,建立定期巡查制度,及时巡查和处置房屋主体擅自加高加层、房前屋后硬化打围、擅自改变外装结构和颜色等违规建设。